DIANWANG QIYE XINXIHUA
XIANGMU GUANLI ZUOYE ZHIDAOSHU

电网企业信息化
项目管理作业指导书

《电网企业信息化项目管理作业指导书》编委会　编

图书在版编目（CIP）数据

电网企业信息化项目管理作业指导书/《电网企业信息化项目管理作业指导书》编委会编. —北京：中国电力出版社，2020.5
ISBN 978-7-5198-3978-9

Ⅰ.①电…　Ⅱ.①电…　Ⅲ.①电力工业－企业信息化－工业企业管理　Ⅳ.①F407.61

中国版本图书馆 CIP 数据核字（2019）第 241195 号

出版发行：中国电力出版社
地　　址：北京市东城区北京站西街 19 号（邮政编码 100005）
网　　址：http://www.cepp.sgcc.com.cn
责任编辑：刘红强（010-63412520）
责任校对：黄　蓓　常燕昆
装帧设计：赵丽媛
责任印制：钱兴根

印　　刷：三河市万龙印装有限公司
版　　次：2020 年 5 月第一版
印　　次：2020 年 5 月北京第一次印刷
开　　本：710 毫米×1000 毫米　16 开本
印　　张：6.25
字　　数：105 千字
定　　价：36.00 元

#《电网企业信息化项目管理作业指导书》

编 委 会

扫码下载本书附件

前 言

国网浙江省电力有限公司（简称公司）经过 SG-186 及 SG-ERP 两个阶段信息化建设，已建成覆盖各业务、各单位、各业务终端人员的公司级大型综合信息管理系统平台，为公司“两个一流”“两个转变”建设以及“三集五大”业务发展提供了很好的支撑，一定程度上提升了管理的精益化。但随着依法治企专项审计、项目规范性检查工作的加强及“三集五大”体系建设、信通业务优化、内控体系建设等工作逐步深入，暴露出信息化项目管理精细化程度不高、规范性不够等问题。

为落实信通改制及依法治企、专项审计等相关工作要求，进一步提高信息化项目管理水平，规范信息化项目运作，提升信息化项目建设成效，公司于 2014 年全面启动信息化项目管理提升工作。工作分多阶段进行，在完成第一阶段信息化项目前期管理提升工作的基础上，继续开展第二阶段工作，即根据省公司信息化工作实际管理情况及精益化管理要求，对国家电网有限公司和省公司层面信息化管理相关制度、规范及标准进行梳理归类，并编制《电网企业信息化项目管理作业指导书》。通过编制本书，对信息化项目各专业管理部门间的工作界面和职责分工进行切分，对信息化项目管理业务流程进行优化、规范，充分发挥指导书的规范指引作用，使之能有效地指导信息化项目管理实际工作的开展。

本书中的信息化项目规范管理流程和具体操作内容涵盖信息化项目从前期管理到后评估的整个实施过程，从理论和实践两个方面深入进行探究，对各单位信息化项目管理工作具有较好的指导作用。书中的一些流程图、报告模板和各类表单能够清晰、规范地反映项目管理中的具体要求，为本书在实践中的具体落地起到较好的推动作用，促进各单位及时有效地对原有的管理模式进行更新和优化。因模板文件较多，书后不再另附，读者可扫描左页二维码查看或获取使用。

本书适用于国家电网有限公司系统内的各省公司本部及其下属的直属单位、地市供电公司和县供电公司各类信息化项目管理工作。

本书由国网浙江省电力有限公司长期从事信息化项目管理的专家团队

负责编写。编写过程中得到了国网浙江省电力有限公司及其所属各单位的大力配合和支持，在本书出版之际，对给予帮助和指导的各单位、各专家表示诚挚的谢意！

由于编写组水平有限，加之时间仓促，书中错漏在所难免，敬请读者、同行及专家批评指正！

目录

第 1 章

信息化项目管理作业指导概览

信息化项目全过程管理主要包括项目前期管理、采购管理、建设管理、建转运管理、验收管理等阶段（见图 1-1），涉及国家电网有限公司总部（简称总部）、省公司和地市（县）供电公司的相关部门（见图 1-2）。

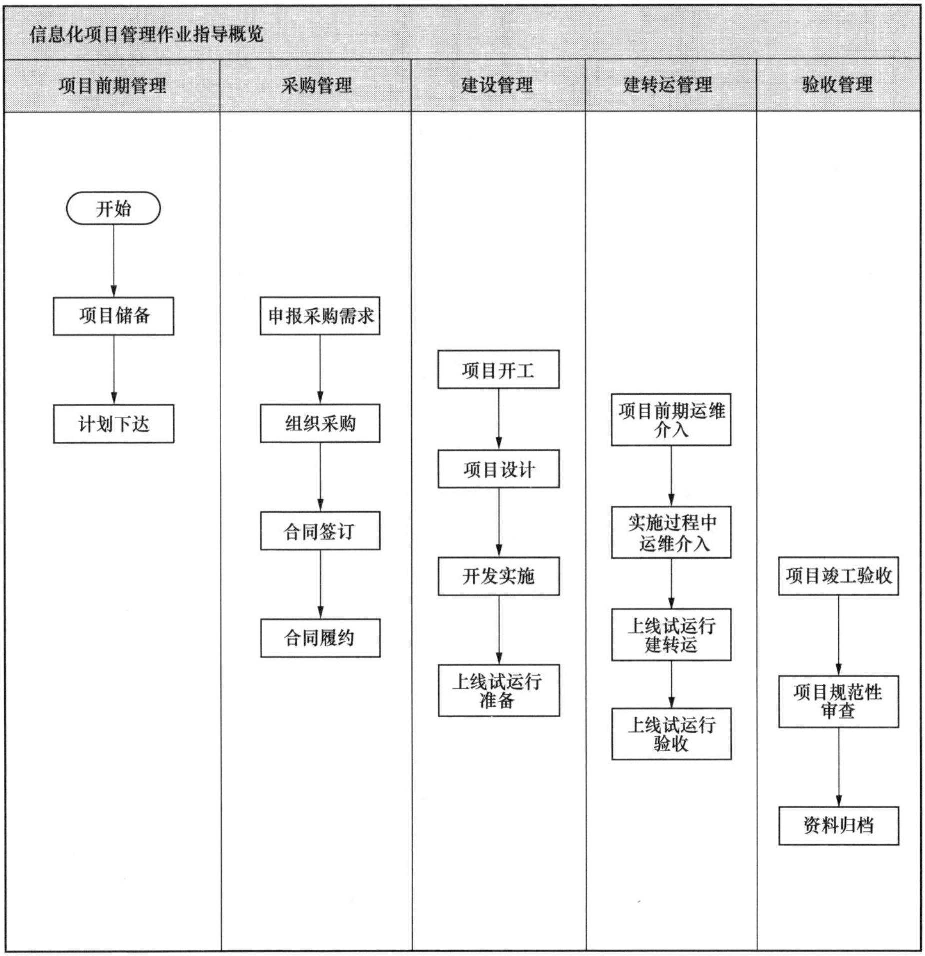

图 1-1　信息化项目管理作业指导概览

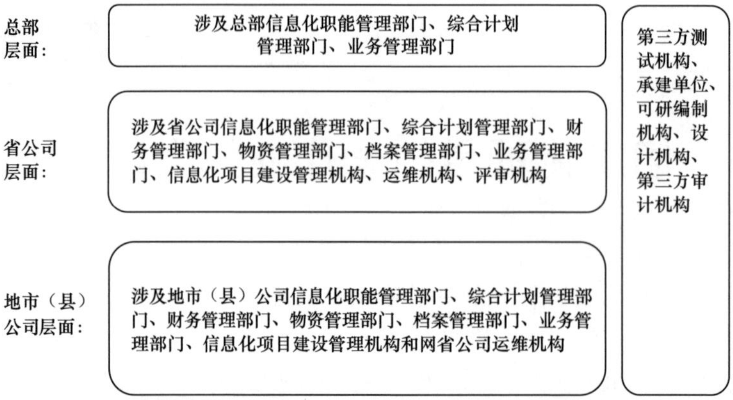

总部层面：	涉及总部信息化职能管理部门、综合计划管理部门、业务管理部门	第三方测试机构、承建单位、可研编制机构、设计机构、第三方审计机构
省公司层面：	涉及省公司信息化职能管理部门、综合计划管理部门、财务管理部门、物资管理部门、档案管理部门、业务管理部门、信息化项目建设管理机构、运维机构、评审机构	
地市（县）公司层面：	涉及地市（县）公司信息化职能管理部门、综合计划管理部门、财务管理部门、物资管理部门、档案管理部门、业务管理部门、信息化项目建设管理机构和网省公司运维机构	

图 1-2　信息化建设项目涉及部门、单位

一、信息化项目前期管理

信息化项目前期管理主要包括信息化项目需求、储备和计划管理。

（1）信息化项目需求管理包括需求收集与提报、需求评审与反馈、需求评估，涉及总部业务管理部门、信息化职能管理部门；省公司业务管理部门、信息化职能管理部门；地市（县）供电公司业务管理部门。总部信息化职能管理部门负责收集、汇总、复核、评估各省公司上报的信息化项目需求，业务管理部门负责复核、评估各省公司上报的相关专业信息化项目需求；省公司或地市（县）供电公司信息化职能部门以及业务管理部门负责收集、汇总、上报信息化项目需求。

（2）信息化项目储备管理覆盖从储备项目申报到储备库下达的全过程，涉及总部信息化职能管理部门、省公司信息化职能管理部门、省公司或地市（县）供电公司信息化项目建设管理机构和业务管理部门等。总部信息化职能管理部门负责储备项目的审核批复；省公司信息化职能管理部门负责组织储备项目申报和内部审查批复；省公司或地市（县）供电公司信息化建设管理机构负责汇总业务需求并上报，业务管理部门负责收集本专业的具体业务需求。

（3）信息化项目计划管理包括计划的编制上报和审核下达，涉及总部信息化职能管理部门、综合计划管理部门和省公司信息化职能管理部门、综合计划管理部门、财务管理部门。总部信息化职能管理部门和综合计划管理部门负责计划的审核下达；省公司信息化职能管理部门负责计划的编制和分解，综合计划管理部门和财务管理部门负责计划的内部评审上报和分解下达。

二、信息化项目采购管理

信息化项目采购管理覆盖需求申报到合同履约的全过程，涉及信息化项目建设管理机构和物资管理部门。信息化项目建设管理机构负责采购申请；物资部门负责需求汇总、完成招标采购和合同履约。

三、信息化项目建设管理

信息化项目建设管理覆盖项目从开始建设到上线运行的全过程，涉及信息化职能管理部门、信息化项目建设管理机构、业务管理部门、承建单位等。信息化职能管理部门负责建设过程中各类方案的审查；信息化项目建设管理机构负责项目建设全过程的管控；业务管理部门负责业务部分测试和确认；承建单位负责项目的具体建设和实施。

四、信息化项目建运转管理

信息化项目建转运管理覆盖从项目立项到试运行验收完成的全过程，涉及总部信息化职能管理部门、省公司信息化职能管理部门、业务部门、运维机构、建设机构和承建单位等。总部信息化职能管理部门负责总体计划的下达和具体月度、季度计划的审批。省公司信息化职能管理部门负责月度、季度计划审核、试运行申请审核和试运行验收审核；运维机构负责试运行申请审核和试运行验收审核；业务部门负责业务部分功能的确认；建设机构负责编制试运行计划；承建单位负责开展试运行测试和用户培训，提交试运行和验收申请。

五、信息化项目验收管理

信息化项目验收管理覆盖从提出竣工验收申请到项目资料完成归档的全过程，涉及信息化职能管理部门、信息化项目建设管理机构、业务管理部门、财务管理部门、项目承建单位。项目承建单位负责提出竣工验收申请，项目建设管理机构负责完成项目验收资料的编制；业务管理部门负责确认项目成效，信息化职能管理部门负责组织完成竣工验收以及项目规范性审查，财务管理部门负责完成信息化项目的竣工决算和转资工作，档案管理部门负责资料归档。

在信息化项目管理过程中涉及多套系统，主要包括：信息通信业务管理系统（简称 IRS 系统）、统一项目储备库管理系统、经法系统（一级）、ERP 系统、电子商务平台、国网商城等。

第 2 章

信息化项目前期管理

信息化项目前期管理是信息化项目管理的第一阶段，该阶段主要由信息化项目储备管理和计划管理两个流程组成。

信息化项目储备管理主要完成信息化项目申报、可研评审、可研批复、入储备库、上报储备库、总部审核、下达储备库。涉及总部的综合计划管理部门、业务管理部门、信息化职能管理部门，省公司的综合计划管理部门、业务管理部门、信息化职能管理部门、信息化项目建设管理机构、可研编制机构、评审机构，地市（县）供电公司的综合计划管理部门、业务管理部门、信息化职能管理部门、信息化项目建设管理机构。

信息化项目计划管理主要完成信息化项目计划编制、计划审查、计划上报、计划分解、计划下达。涉及总部综合计划管理部门、财务管理部门、信息化职能管理部门，省公司综合计划管理部门、信息化职能管理部门、信息化项目建设管理机构。

2.1 信息化项目储备管理

2.1.1 信息化项目储备管理业务流程

信息化项目储备管理业务流程如图 2-1 所示。

2.1.2 信息化项目储备管理业务作业指导

一、信息化项目申报

每年 5 月，省公司信息化职能管理部门根据总部信息化职能管理部门的要求下发次年信息化储备项目申报工作通知，并明确项目申报原则、申报重点及申报流程。

二、业务需求提报

各单位业务管理部门不定期收集本业务条线业务需求，将需求报告提交总部对口业务部门。并将总部业务部门下发的个性需求报告，在每年 6 月底之前提交本单位信息化职能部门。信息化职能部门统筹协调本单位业务部门提出的个性业务需求。

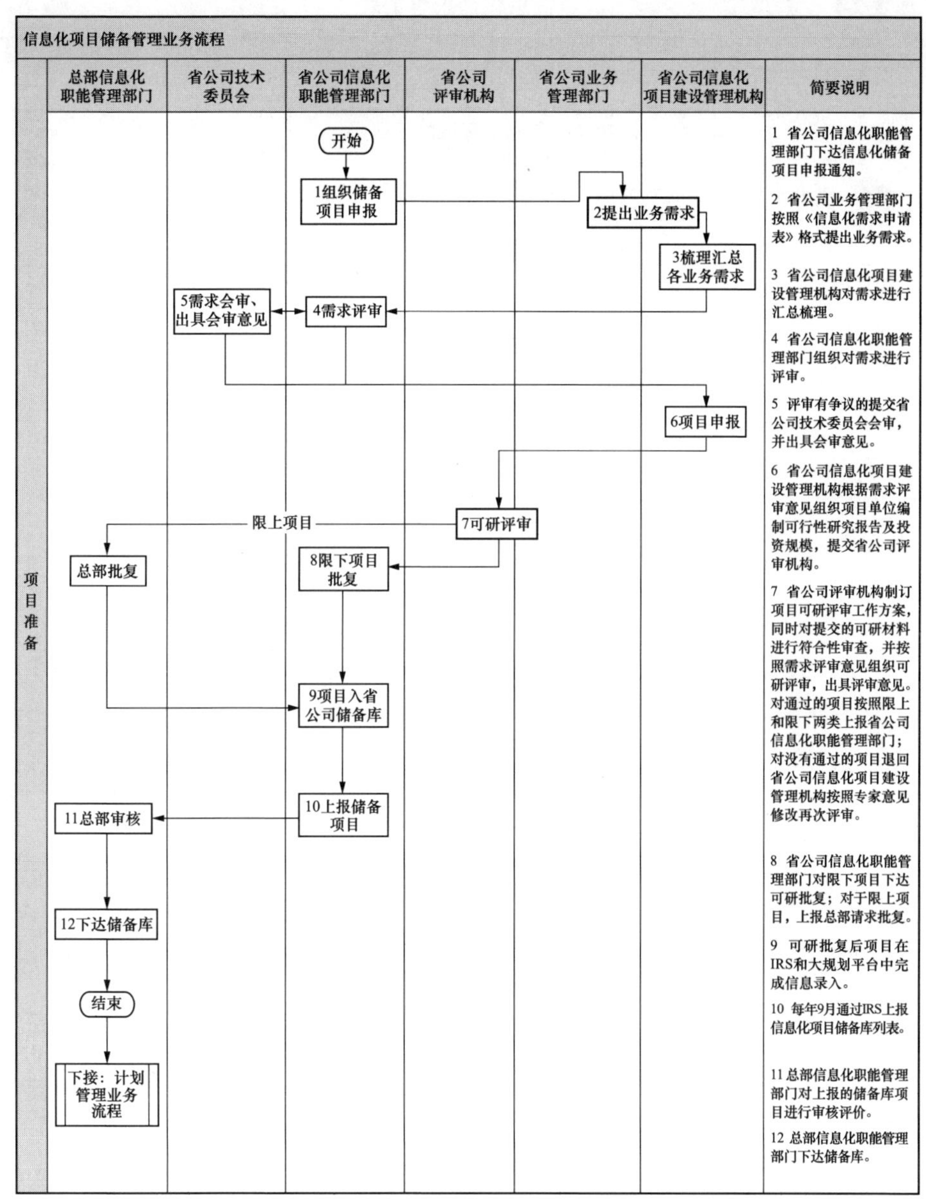

图 2-1 信息化项目储备管理业务流程

省公司各业务管理部门不定期收集、审核所辖单位本业务条线业务需求，统一汇总并初步审核后填写《信息化需求申请表》（见表 2-1），经部门负责人签字后在每年 6 月底之前报送省公司信息化职能管理部门。

表 2-1　　信息化需求申请表

<table>
<tr><td>提出部门（单位）</td><td></td><td>联系人及
联系方式</td><td></td></tr>
<tr><td>需求总体描述</td><td colspan="3">一、现状及信息化支撑情况
二、改造/新增需求
三、对信息化支撑提出的新增要求
四、建设方案
五、上级对口业务管理部门审核意见</td></tr>
<tr><td>提出部门意见</td><td colspan="3">负责人（签字）：
日期：　　年　月　日</td></tr>
<tr><td>总部对口部门意见</td><td colspan="3">负责人（签字）：
日期：　　年　月　日</td></tr>
<tr><td>可研评审机构意见</td><td colspan="3">负责人（签字）：
日期：　　年　月　日</td></tr>
<tr><td>信息化职能管理
部门签收</td><td colspan="3">负责人（签字）：
日期：　　年　月　日</td></tr>
</table>

各单位业务部门持续收集本单位本业务条线提出的业务需求，汇总并初步分析后不定期报送省公司和相应直属单位对口业务部门。

各地（市）供电公司收集本单位及所管辖县公司业务需求，汇总并初步分析后报送省公司对口业务部门。

省公司业务部门不定期收集各单位本业务条线业务需求，定期开展业务需求审核并形成业务需求报告，在每年 6 月底之前将共性和个性需求报告提交国网信通部，同时将个性需求分析报告下发相应单位。国网信通部统筹协调业务部门提出的共性业务需求，于每年 7 月完成需求复核、归并等工作，完成跨业务需求审核工作。

对于业务类相关需求，省公司业务部门应将需求报告提交总部对口业务部门进行审核，通过审核的需求报告与《信息化需求申请表》（见表2-1）一同报送省公司信息化职能管理部门。

三、梳理汇总各业务需求

省公司信息化职能管理部门对业务需求进行梳理、汇总并审核。

四、需求评审，出具评审意见

省公司信息化职能管理部门组织需求评审，出具评审意见反馈至省公司各业务管理部门、信息化项目建设管理机构、可研编制机构和评审机构。

五、需求会审、出具会审意见

专家组对存在问题的项目进行需求会审，并出具会审意见（意见表见表2-2）反馈至省公司各业务管理部门、信息化项目建设管理机构、可研编制机构和评审机构。

表2-2　　信息技术及安全管理专家组需求会审意见表

<table>
<tr><td>项目名称</td><td colspan="3"></td></tr>
<tr><td>需求申请部门（单位）</td><td></td><td>联系人</td><td></td></tr>
<tr><td>信息化项目建设管理机构</td><td></td><td>联系人</td><td></td></tr>
<tr><td>评审时间</td><td></td><td>评审地点</td><td></td></tr>
<tr><td>专家意见</td><td colspan="3">实现业务功能是否必要，定位是否合理？（否决项）
业务技术总体架构是否符合总部、省公司相关要求？（否决项）
数据管理是否符合总部、省公司相关要求：数据源是否正确？与其他系统相比是否有重复录入问题？是否需要整改？如何整改？
软硬件平台及部署方式是否符合总部或省公司总体要求？
安全防护方案是否完整、可行？
系统集成方案是否符合公司整体集成架构要求？是否完整、可行？
文档质量方面是否符合要求？

专家组长签名：　　　　　　　　年　　月　　日</td></tr>
<tr><td rowspan="2">评审结论</td><td colspan="3">同意　　　　　　□ 不同意</td></tr>
<tr><td colspan="3"></td></tr>
<tr><td>签收意见</td><td colspan="3">年　　月　　日</td></tr>
</table>

六、可研编制

可研编制机构根据需求评审意见、会审意见和业务部门编写的《信息化项目业务应用需求分析报告》，综合考虑入围需求的非功能性要求编制信息化项目申报材料提交评审机构。

编制过程中应注意以下问题。

（1）投资规模在120万元及以上的信息化项目均需编制项目可研报告；投资规模在120万元以下的信息化项目编写项目说明书。

（2）根据《国家电网公司信息系统建转运实施细则》［国网（信息/4）261—2014］文件要求，在项目可研报告中需初步确定运维规模、运维成本和非功能性需求等内容。同时，在项目经费预算中应包含上线试运行测试、生产准备等方面的必要费用。

（3）县供电公司信息化职能管理部门将本单位项目申报材料提交至地市供电公司信息化职能管理部门进行审查、汇总，并提交省公司信息化职能管理部门。

（4）关于项目类型。在“业务应用系统建设类项目”和“信息基础设施建设类项目”两大项目类型的基础上，根据建设属性“新建”“改造完善”及“改造推广”三个标准进一步细分形成五大项目类型，即“信息化项目可研报告模板—基础设施类（机房）、信息化项目可研报告模板—基础设施类（设备）、信息化项目可研报告模板—业务应用类（改造完善）、信息化项目可研报告模板—业务应用类（推广）、信息化项目可研报告模板—业务应用类（新建）”。在编制信息化项目可研报告时，需按照不同项目类型选择不同可研报告模板。

（5）关于项目命名。“信息基础设施建设类项目”省公司层面命名为“国网××电力/国网××经研院/国网××电科院—××××建设—网络设备购置项目/软硬件购置项目/安全产品购置项目/运维工具购置项目/机房环境建设项目”，地市（县）供电公司层面命名为“国网××电力××供电公司—××××建设—网络设备购置项目/软硬件购置项目/安全产品购置项目/运维工具购置项目/机房环境建设项目”；“业务应用系统建设类项目”省公司层面命名为“国网××电力/国网××经研院/国网××电科院—××××系统/平台建设—设计项目/设计开发项目/设计开发实施项目/设计实施项目/实施项目/试点实施项目/推广实施项目”，地市（县）供电公司层面命名为

“国网××电力××供电公司—××××系统/平台建设—设计项目/设计开发项目/设计开发实施项目/设计实施项目/实施项目/试点实施项目/推广实施项目”。

（6）项目申报材料包括：信息化项目业务应用需求分析报告、信息化项目说明书、信息化项目储备建议表、信息化项目可行性研究报告、信息化项目投资估算书、信息化项目可研汇报PPT。

（7）项目投资估算编制。信息化项目投资估算编制按照《国家电网公司信息化项目可研编制与评审管理办法》［国网（信息/4）400—2014］的原则开展，项目投资估算组成随项目类型的不同而呈现差异：信息基础设施建设类项目投资估算由建安工程费、软件购置费、硬件购置费和其他费用组成；业务应用系统建设类项目投资估算由系统开发费、系统实施费和其他费用组成。分项费用中，建安工程费参照《电子建设工程预算定额》计列；软件购置费和硬件购置费参照近期同类工程设备、材料招标价计列；系统开发费和系统实施费参照《国家电网公司信息化项目建设成本度量管理细则》［国网（信息/4）905—2018］计列；其他费用按照实际需求，不发生不计列。

七、可研评审

评审机构制订信息化项目可研评审工作方案，同时对提交的信息化项目申报材料进行符合性审查。

评审机构按照需求评审意见组织可研评审，出具评审意见提交省公司信息化职能管理部门。

这一过程中应注意以下问题。

（1）评审方案中需明确评审时间、地点、评审专家组（包括专家组长及相关成员）等内容。

（2）对于通过材料符合性审查的项目，则可纳入项目可研评审方案中进行评审。

（3）对于未通过材料符合性审查的项目，则需退回给可研编制机构进行材料完善，并重新提交项目申报资料。

（4）评审专家组需确定项目的优先级次序等内容，并针对每个项目的可行性、必要性出具可研修改书面意见，反馈到可研编制机构。

（5）可研编制机构按照评审专家组出具的可研修改书面意见进行可研

修改，并将修改好的相关可研材料重新提交至评审专家组进行复审。

（6）评审机构进行项目可研收口，并将可研收口文档盖章转为 PDF 文件，进行存档。

（7）可研收口文档包括：信息化项目业务应用需求分析报告、信息化项目说明书、信息化项目储备建议表、信息化项目可行性研究报告、信息化项目投资估算书。

（8）在出具的可研评审意见中，可研报告须以附件形式附在评审意见文件中。

八、项目批复

对于项目投资总额低于 500 万元的限下项目，省公司信息化职能管理部门根据评审机构出具的可研评审意见进行可研批复；对于项目投资总额为 500 万元及以上的限上项目，省公司信息化职能管理部门需向总部信息化职能管理部门请求可研批复。

九、项目入省公司储备库

收到省公司信息化管理职能部门项目可研批复文件后，信息化项目建设管理机构需在统一储备库系统上完成批复后的项目储备信息录入工作。

注意：统一储备库系统中每个项目都需要上传对应的信息化项目业务应用需求分析报告、信息化项目说明书、信息化项目可行性研究报告、信息化项目可研评审意见及项目批复文件等内容，系统中需要录入项目内容、实施范围、项目目标、可研及批复文号、投资金额分项等字段，且应在系统中按照项目的实际情况对项目类别、是否新技术、储备年度、储备规模、责任单位等选择项进行选择。

十、上报储备项目

每年 9 月，省公司信息化职能管理部门通过统一储备库系统上报储备库列表至总部信息化职能管理部门。

十一、总部审核

总部信息化职能管理部门对上报的信息化储备项目进行审核，并反馈意见至各省公司信息化职能管理部门。

十二、下达储备库

总部信息化职能管理部门对审核通过的信息化储备项目进行下达。

2.2 信息化项目计划管理

2.2.1 信息化项目计划管理业务流程

信息化项目计划管理业务流程如图 2-2 所示。

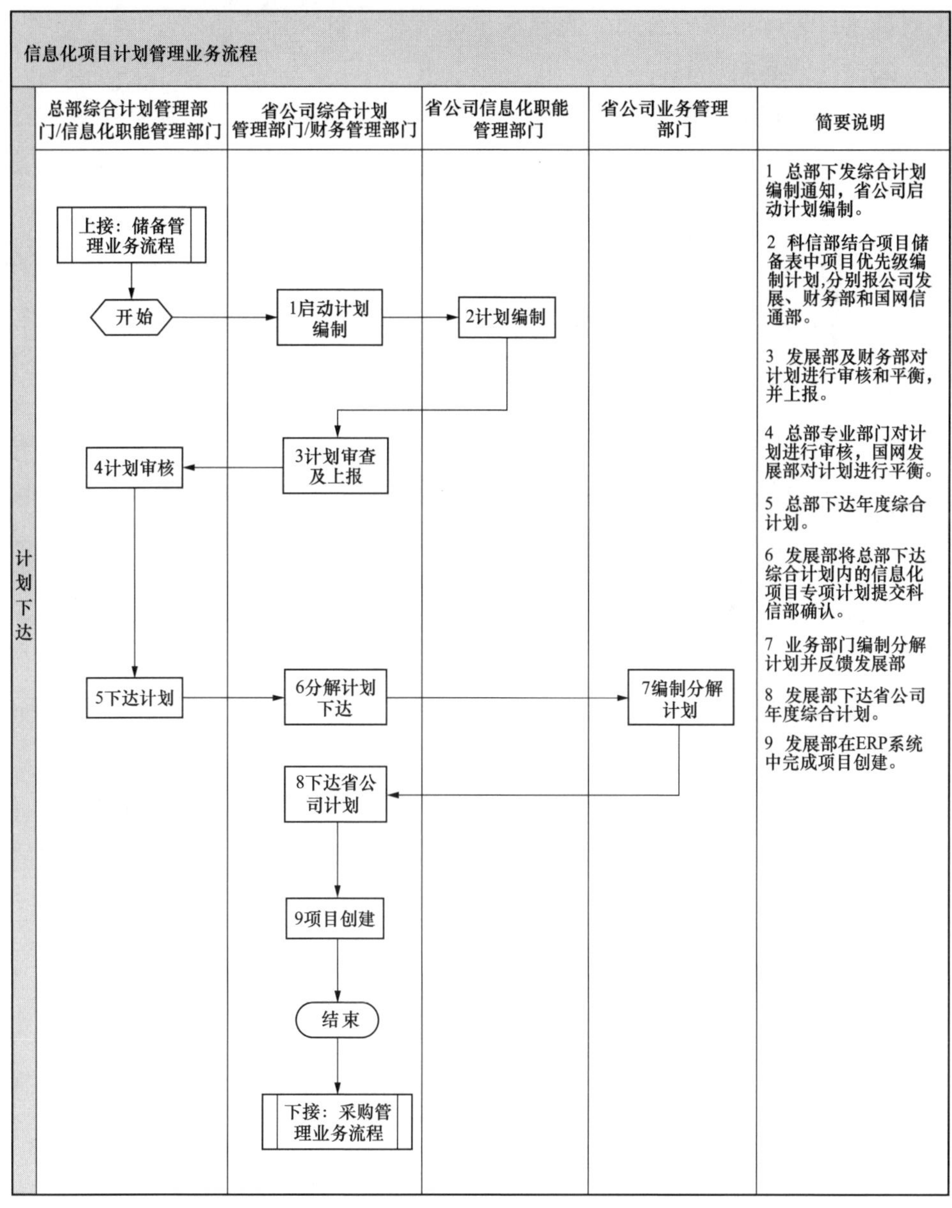

图 2-2 信息化项目计划管理业务流程

2.2.2 信息化项目计划管理业务作业指导

一、启动计划编制

每年9月，省公司、直属单位的综合计划管理部门下发综合计划编制通知后，项目建设管理单位将已通过可研批复的项目按照优先级抽取列入信息化项目建议表，上报省公司、直属单位的信息化职能管理部门。

二、计划编制

省公司、直属单位信息化职能管理部门根据总部、各单位信息化规划及信息化建设整体推进情况，提出次年信息化建设的主要内容和工作重点，发布次年信息化项目计划编制指南。

省公司、直属单位根据总部信息化项目计划编制指南，原则上从项目储备库中按级别顺序抽取信息化项目，经综合平衡后，形成次年信息化项目计划建议。

三、计划审查及上报

每年10月15日前，各单位将本单位审定的信息化项目计划建议纳入综合计划建议和预算草案，并同步上报所属省公司、直属单位的信息化职能管理部门。

省公司、直属单位的信息化职能管理部门将次年信息化项目计划建议提交信息化领导小组审核通过后，报送本单位综合计划管理部门、财务管理部门及信息化职能管理部门。各单位综合计划管理部门组织对综合计划表进行平衡，并上报总部综合计划管理部门。

四、计划审核

每年11月，总部信息化职能管理部门根据各单位综合计划原则和总控目标，对上报的信息化项目计划建议进行审议和平衡，提出信息化专项计划建议，提交总部综合计划管理部门和财务管理部门，纳入综合计划及预算。

五、下达计划

总部综合计划管理部门下达综合计划，其中包括信息化专项计划。

六、分解计划下达

省公司、直属单位的综合计划管理部门收到总部下达的计划后，由信息化职能管理部门对信息化专项计划进行分解，纳入本单位次年综合计划下达。省公司、直属单位的财务管理部门将信息化项目计划建议纳入本单位次年预算草案。

七、编制分解计划

省公司、直属单位的信息化职能管理部门接收到下达的专业计划后，对项目、指标进行拆分、确认，完成信息化专项分解计划编制并将结果反馈至本单位综合计划管理部门。

八、下达省公司、直属单位计划

省公司、直属单位综合计划管理部门汇总分解后的计划，形成各单位项目计划，并下达至下级各单位。

九、项目创建

省公司、直属单位的综合计划管理部门根据下达后的项目计划，完成 ERP 系统项目创建工作。

第3章 信息化项目采购管理

本书中的信息化项目采购管理是信息化项目管理的第二阶段，指项目计划下达后，依据项目的可研和初设批复内容，为完成项目的有效实施，采购相应的项目物资（含服务）。采购原则上根据总部或省公司年度物资采购目录和批次计划安排，采取两级集采方式，并根据物资部门的招标结果，执行相应的合同，主要包括需求提报、招标采购、合同签订与合同履约等内容。

信息化项目采购的内容主要有项目物资、设计、开发及实施服务。

3.1 信息化项目采购管理业务流程

信息化项目采购管理业务流程如图3-1所示。

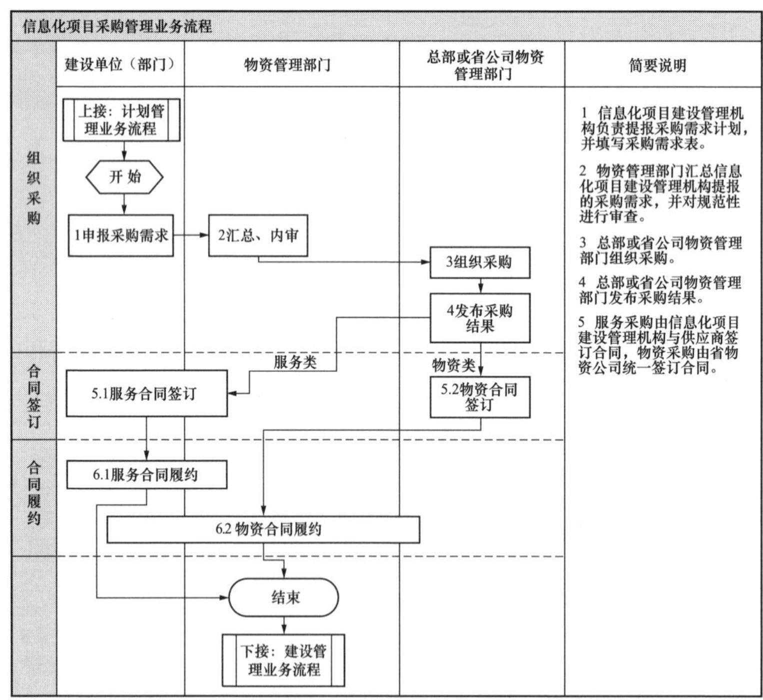

图3-1 信息化项目采购管理业务流程

3.2 信息化项目采购管理作业指导

3.2.1 申报采购需求

一、需求提报

信息化项目建设管理机构根据总部物资部和省公司物资管理部门下发的年度采购批次计划及目录安排，合理制订项目采购计划，并在具体批次的通知下发后按时间节点要求上报需求。

物资采购方面，信息化项目建设管理机构根据具体批次的目录与审查要点提出采购需求，在ERP系统内创建采购申请并将需求清单发送给本单位物资管理部门。

对于服务采购方面，信息化建设管理机构根据省公司物资管理部门下发的服务采购批次计划提出采购需求，并经省公司信息化职能管理部门审批，再发送给省公司物资管理部门。

采购申请应当包括项目概况、采购需求、采购方式建议等内容，提供经审核并上传国网电子商务平台的采购技术规范书。需要报政府部门备案或者批准的，应当提供或者取得相应文件。

二、汇总、内审

本单位物资管理部门汇总信息化项目建设管理机构提报的采购需求，并对规范性进行审查，检查需求物资与批次目录的正确性，物资（服务）需求参考单价的合理性、技术规范书ID与物资的一致性，批次号与交货日期维护的正确性等；本单位物资管理部门将审查合格的采购申请批准通过，并提报省公司物资管理部门。

3.2.2 招标采购

一、组织采购活动

省公司物资管理部门将各单位上报的采购需求根据物资或服务批次情况，上报至总部物资管理部门审核，并根据批次安排由总部组织实施采购或由总部统一监控，省公司负责实施采购。

二、发布采购结果

总部物资管理部门、省公司物资管理部门发布招标结果（中标通知书、竞谈结果、成交通知书等），并通过国网电子商务平台回传各单位物资管理部门。各单位物资管理部门根据回传的信息与需求信息进行核对，确认无误后在ERP系统创建采购订单；协议库存与电商招标结果会以框架形式将物资目录统一发布在各平台，由各单位根据实际需求执行采购结果。

3.2.3　合同签订

信息化项目的软硬件主设备、配件等归为物资类，项目设计开发、实施、运维等归为服务类，依据公司采购计划批次，选择物资或服务的合同签订流程。

一、服务合同签订

信息化项目建设管理机构依据总部或省公司物资管理部门回传的中标结果，联系并组织采购合同的签订工作，所有合同均按国家电网有限公司要求在经法系统中完成合同流转会签，原则上采用公司统一合同模板。需要注意的是，所订立的服务合同不得对采购结果做实质性修改。

二、物资合同签订

信息化项目的物资合同一般由省物资公司根据招标采购结果和国家电网有限公司物资合同统一文本要求，统一组织签订。合同中除了明确买方、卖方、供货范围、合同价格、付款方式等信息外，还需明确付款单位、增值税发票开具要求，以及项目建设管理机构、收货联系人等信息。

3.2.4　合同履约

信息化项目建设管理机构配合物资管理部门根据合同约定与项目实施进度安排，合理催发货，及时完成物资到货验收、出入库办理，完成供应商履约评价工作，物资管理部门负责完成物资结算和物资现场服务工作，制订并定期更新项目物资合同履约跟踪表（见表 3-1）。

服务合同的履约由项目建设管理机构自行负责，根据项目实施进度和合同约定办理进度款支付。

表 3-1　　　　信息化项目物资履约跟踪表

序号	合同号	设备名称	数量	生产厂家	供货批次	供货计划		图纸交互情况	生产情况	生产完成情况	发运情况				到货情况	安装调试情况	是否退换货	生产联系人	运输联系人
						合同交货时间	确定交货时间				运输方式	起运时间	到货时间	当前状态					
1																			
2																			
3																			
…																			
合计	合同总数																		

物资的采购方式有总部或省公司集中招标、统购统配协议库存，还有电商化等采购方式，根据不同的方式，履约方式存在一定的差异，执行不同的流程。

一、信息化项目集中采购物资履约

信息化项目集中采购物资履约流程（见图 3-2）：根据项目实施进度由本

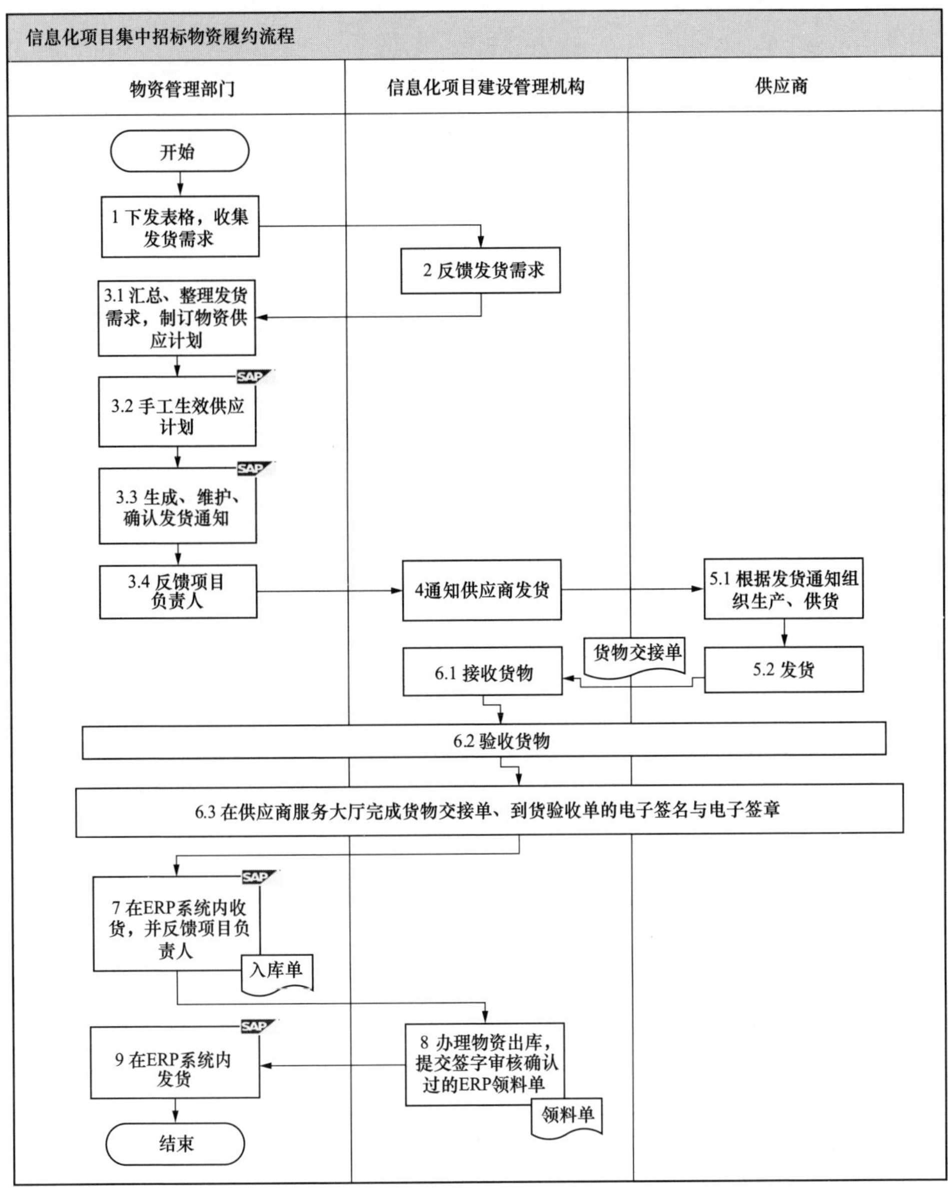

图 3-2 信息化项目集中采购物资履约流程

单位物资管理部门制订物资供应计划，生成发货通知，供应商生产完成后，由信息化项目建设管理机构、物资管理部门联合完成货物接收与验收，并办理《货物交接单》（见表3-2）《到货验收单》（见表3-3）《领料单》（见表3-4）等履约单据。

表3-2　　货物交接单

<table>
<tr><td colspan="5">货物交接单号：</td><td colspan="4">采购订单号：</td></tr>
<tr><td colspan="2">合同编号</td><td colspan="3"></td><td>供应商</td><td colspan="3"></td></tr>
<tr><td colspan="2">项目单位</td><td colspan="3"></td><td>项目名称</td><td colspan="3"></td></tr>
<tr><td colspan="2">供应商
联系人/电话</td><td colspan="3"></td><td>承运商
联系人/电话</td><td colspan="3"></td></tr>
<tr><td colspan="2">收货
联系人电话</td><td colspan="3"></td><td>交货地点</td><td colspan="3"></td></tr>
<tr><td colspan="2">收货地址</td><td colspan="7"></td></tr>
<tr><td>序号</td><td>物料描述</td><td>单位</td><td>合同数量</td><td>发货数量</td><td>交接数量</td><td>预计
发放期</td><td>预计
到货期</td><td>实际
交货期</td></tr>
<tr><td>1</td><td></td><td></td><td></td><td></td><td></td><td></td><td></td><td></td></tr>
<tr><td>2</td><td></td><td></td><td></td><td></td><td></td><td></td><td></td><td></td></tr>
<tr><td>3</td><td></td><td></td><td></td><td></td><td></td><td></td><td></td><td></td></tr>
<tr><td>4</td><td></td><td></td><td></td><td></td><td></td><td></td><td></td><td></td></tr>
<tr><td colspan="2">备注</td><td colspan="7"></td></tr>
<tr><td colspan="2">发货方：（签字/时间）</td><td colspan="3"></td><td colspan="2">发货方：（签字/时间）</td><td colspan="2"></td></tr>
</table>

说明：1．货物交接应说明本单位物资的外观情况、到货数量等情况，详见装箱单。
2．本验收（交接）单为买卖双方物资到货交接重要凭证、双方应妥善保管。

表 3-3　到 货 验 收 单

国家电网公司 STATE GRID CORPORATION OF CHINA

到货验收单

到货验收单号：　　　　　　　　　　　　　　　　采购订单号：

合同编号		供应商	
项目单位		项目名称	
供应商联系人/电话		承运商联系人/电话	
收货联系人/电话		交货地点	

序号	物料描述	单位	合同数量	发货数量	换货数量	实际到货数量	预计发货期	预计到货期	实际交货期

备　注					
物资供应公司 （签字/时间）			项目单位接收人 （签字/时间）		
供应商交付人 （签字/时间）		监理单位 （签字/时间）		施工单位 （签字/时间）	

说明：
1. 到货验收应说明本单物资的外观、开箱验收情况，到货数量，重量，附件，文件资料等情况。
2. 本验收（交接）单为买卖双方物资交接验收，货款结算的重要凭证，双方应妥善保管。
3. 可根据实际情况进行签字，其中：物资供应公司、供应商交付人为必填，项目单位接收人、监理单位人、施工单位人为选填。

表 3-4　领　料　单

领用部门：　　　　　　　　　　　　　　领用日期：　年　月　日

保管组：　　　　　　　　　　　　　　　记账日期：　年　月　日

领用用途：			预留号：		移动类型：281		
WBS 元素：	维修订单：	成本中心：		固定资产：			

项目	物料编码	物料描述	单位	数量 应发	数量 实发	工厂	存储地点
××	××××-× ×××-×	×××××××	×× ××	×××		×× ××	×××
…							

备注：	凭证号码： 财务凭证：

审核：　　　记账：　　　发货：　　　领料：　　　预留创建人：

二、信息化项目统购统配协议库存物资履约

信息化项目统购统配协议库存物资履约流程（见图 3-3）：统购统配协议库存物资由省物资公司签订统一的框架合同后，将物资清单发布在物资调配

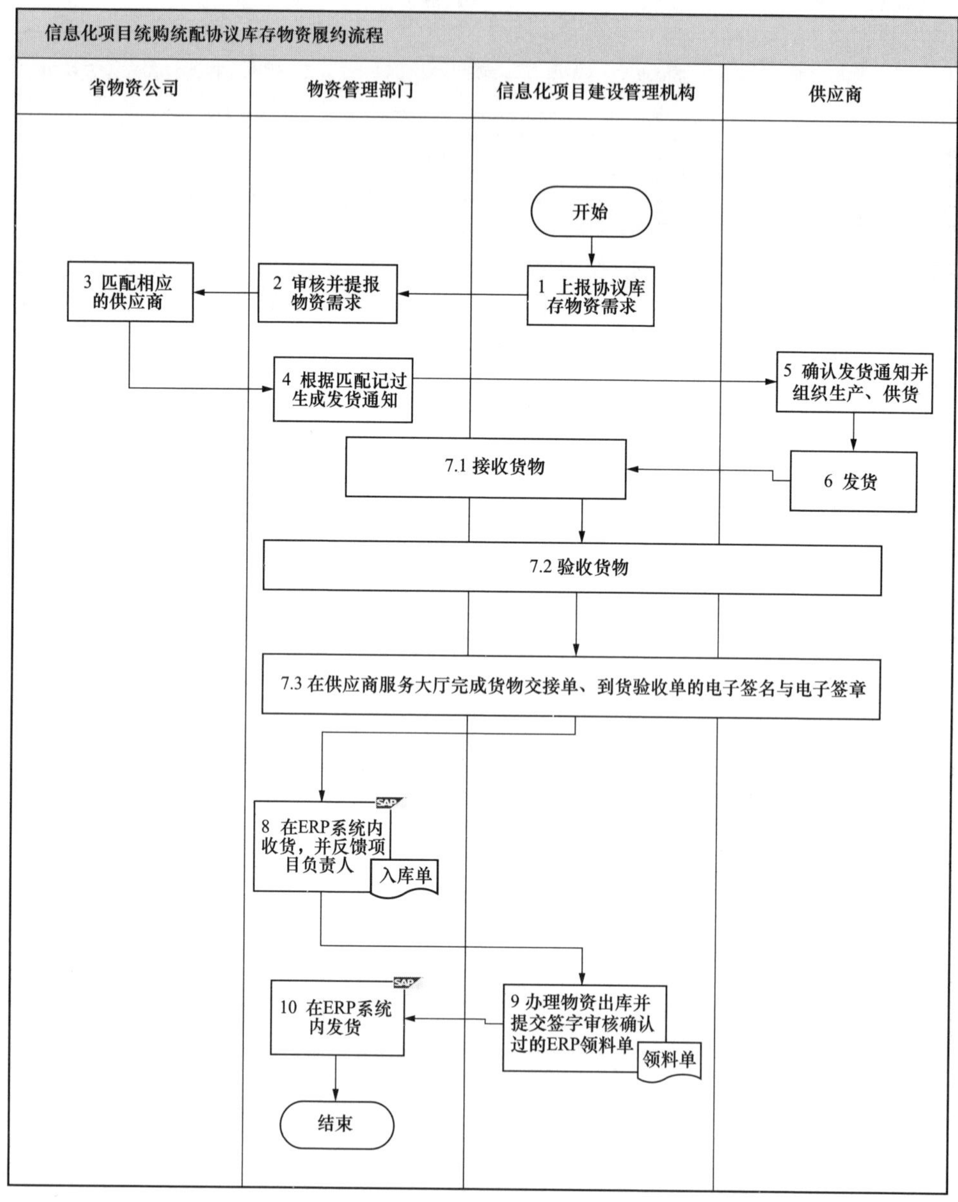

图 3-3 信息化项目统购统配协议库存物资履约流程

平台上，信息化项目建设管理机构根据项目实际进度按月上报实际需求，经部门领导核实后，由本单位物资管理部门提报给省物资公司完成供应商匹配，创建相应的采购订单，后续步骤参照集中采购物资履约流程。

三、信息化项目电商化采购物资履约

信息化项目电商化采购物资履约流程（见图 3-4）：信息化项目的主设备

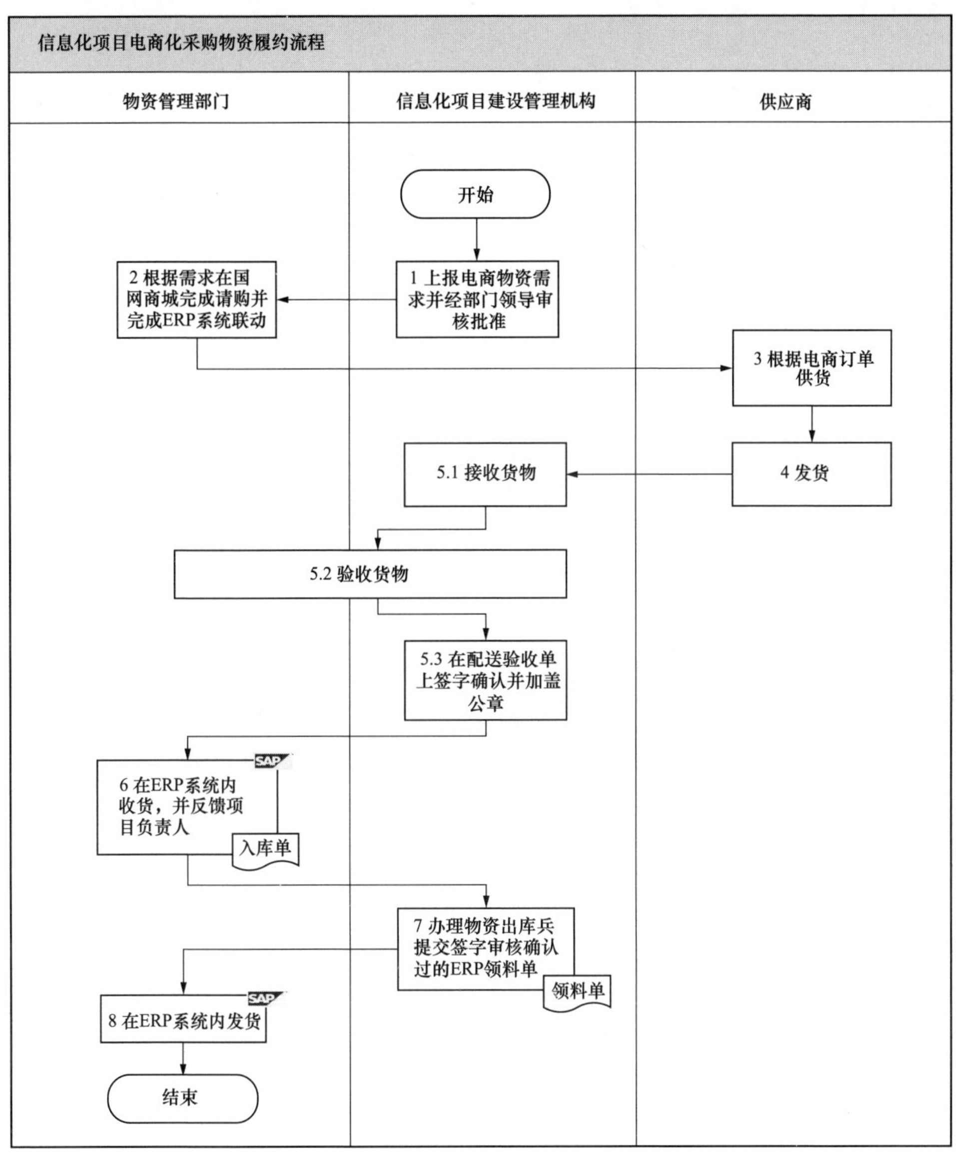

图 3-4　信息化项目电商化采购物资履约流程

完成招标采购后，依据项目预算，结合项目的可研内容，可以采购相应的零星配件物资。信息化项目建设管理机构选取相应的电商物资，上报本部门领导核实，提交给本单位物资管理部门进行采购。本单位物资管理部门将采购订单下达给供应商后，进行合理催交货。信息化项目建设管理机构联合物资管理部门完成货物的接收与验收，并办理《领料单》（见表 3-4）、《配送验收单》（见表 3-5）等履约单据。

表 3-5　　配 送 验 收 单

<table>
<tr><td colspan="5">物流单号：</td><td colspan="5">采购订单号（采购专区）：</td></tr>
<tr><td>协议编号</td><td colspan="4"></td><td>ERP 订单号</td><td colspan="4"></td></tr>
<tr><td>请购单标题</td><td colspan="9"></td></tr>
<tr><td>采购单位</td><td colspan="4"></td><td>需求
联系人/电话</td><td colspan="4"></td></tr>
<tr><td>供应商</td><td colspan="4"></td><td>供应商
联系人/电话</td><td colspan="4"></td></tr>
<tr><td>承运商</td><td colspan="4"></td><td>承运商
联系人/电话</td><td colspan="4"></td></tr>
<tr><td>收货
联系人/电话</td><td colspan="4"></td><td>订单总金额</td><td colspan="4"></td></tr>
<tr><td>收货地址</td><td colspan="9"></td></tr>
<tr><td>序号</td><td>商品
名称</td><td>物料名称</td><td>物料
编码</td><td>单位</td><td>采购专区
订单号</td><td>单价
（含税）</td><td>发货
时间</td><td>发货
数量</td><td>小计
（含税）</td></tr>
<tr><td>1</td><td></td><td></td><td></td><td></td><td></td><td></td><td></td><td></td><td></td></tr>
<tr><td>2</td><td></td><td></td><td></td><td></td><td></td><td></td><td></td><td></td><td></td></tr>
<tr><td>3</td><td></td><td></td><td></td><td></td><td></td><td></td><td></td><td></td><td></td></tr>
<tr><td>4</td><td></td><td></td><td></td><td></td><td></td><td></td><td></td><td></td><td></td></tr>
</table>

发货方签字/盖章____________________　　　收货方签字/盖章____________________

时间____________________　　　时间____________________

3.2.5　费用结算

费用结算是按照合同约定和项目实施进度开展合同的资金预算申报以及支付工作。信息化项目建设管理机构配合签署相应的到货单、投运单、质保单等履约单据，物资管理部门负责发起支付流程，如图 3-5 所示。

统购统配协议库存物资的结算工作由省物资公司统一执行，信息化项目建设管理机构、物资管理部门需配合提供相应的业务单据，由供应商收集统一递交省物资公司。

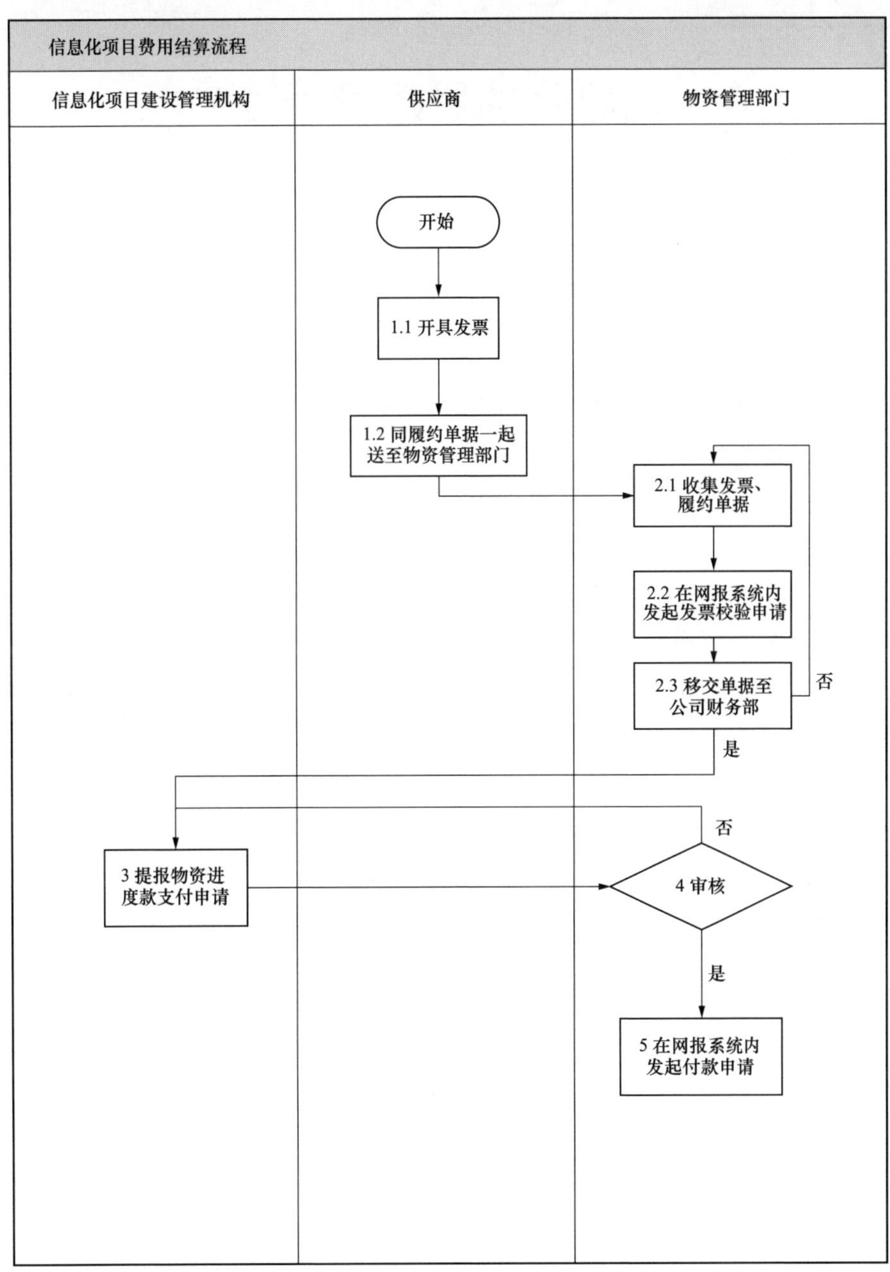

图 3-5 信息化项目费用结算流程

第 4 章

信息化项目建设管理

本书中的信息化项目建设管理是信息化项目管理的第三阶段，信息化项目建设管理承接信息化项目采购管理。信息化建设项目分为设计开发实施类、软硬件购置类、基础设施类三类，均按阶段开展项目建设全过程管理工作。

4.1 设计开发实施类项目建设管理

设计开发实施类项目建设管理过程主要包含建设方案制订、项目启动、需求、设计、研发、实施等阶段，主要参与者包括信息化职能管理部门、业务管理部门、信息化项目建设管理机构、运维机构、承建单位等。

信息化职能管理部门主要职责包括：组织开展项目建设方案、实施方案的评审，项目开工审核。

业务管理部门主要职责包括：确认业务需求，开展用户确认测试，参与方案评审，参与项目开工、实施方案的审核，组织参与相关培训。

信息化项目建设管理机构主要职责包括：开展项目建设方案编制，提交项目开工申请并审核承建单位进场申请，开展项目建设期日常管控，参与项目各类设计方案的评审，开展系统相关安全测试，实施方案的编制，参与系统相关培训，组织系统上线测试及上线材料的编制。

运维机构主要职责包括：对项目的设计方案、系统的部署方案进行审核，准备系统开发、运行的软硬件环境，参与系统相关培训。

承建单位主要职责包括：组织实施人员进场开展实施工作，根据业务需求编制设计方案，开展系统开发、部署、测试、培训等工作。

4.1.1 设计开发实施类项目建设管理业务流程

设计开发实施类项目建设管理业务流程如图 4-1、图 4-2 所示。

4.1.2 设计开发实施类项目建设管理作业指导

一、建设方案制订

（一）建设方案编制

信息化项目建设管理机构负责在开展实施工作前组织承建单位开展项

目建设方案编制。建设方案需包括项目背景、项目范围、项目内容、里程碑计划等核心内容。

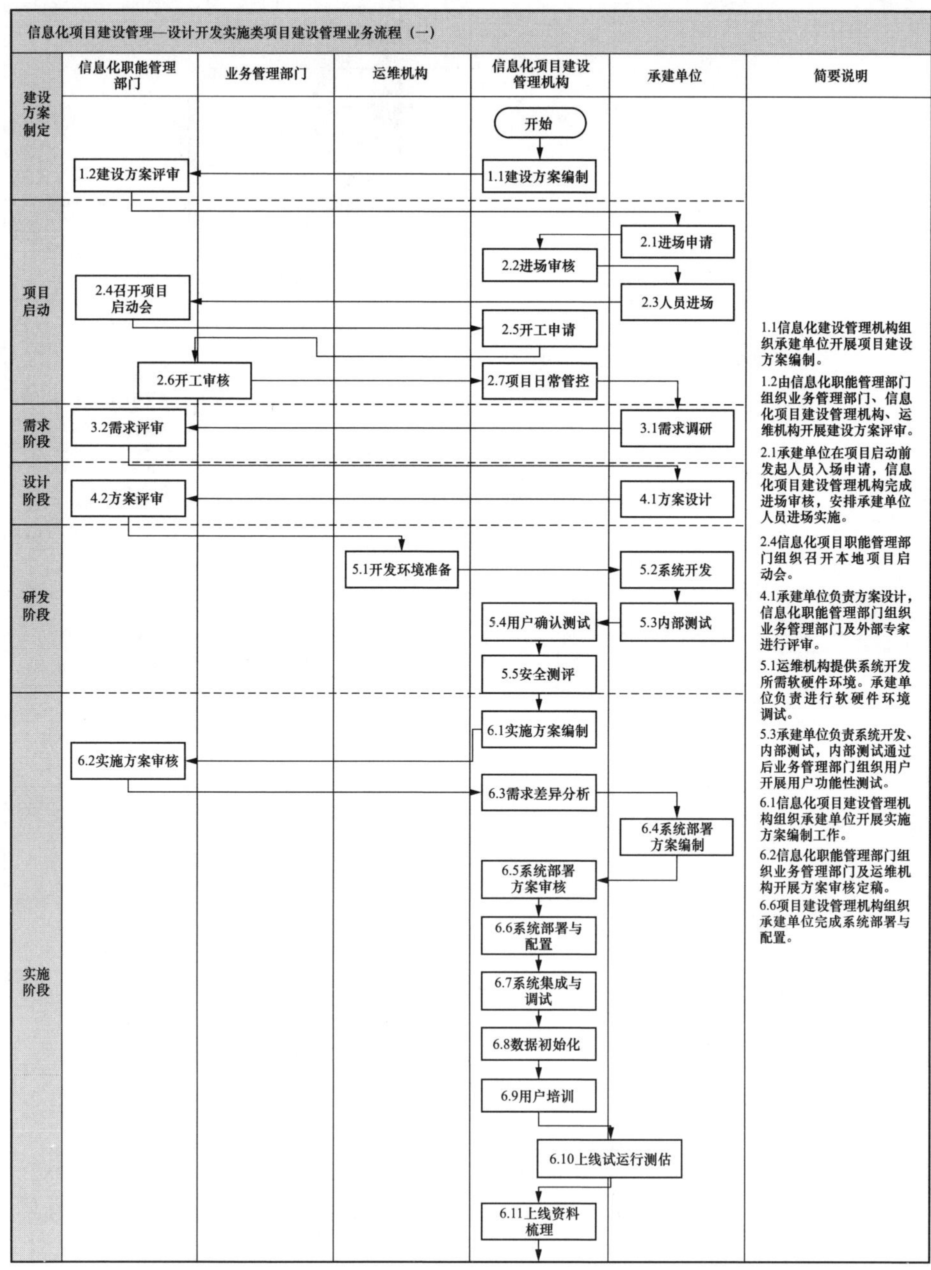

图 4-1　设计开发实施类项目建设管理业务流程（一）

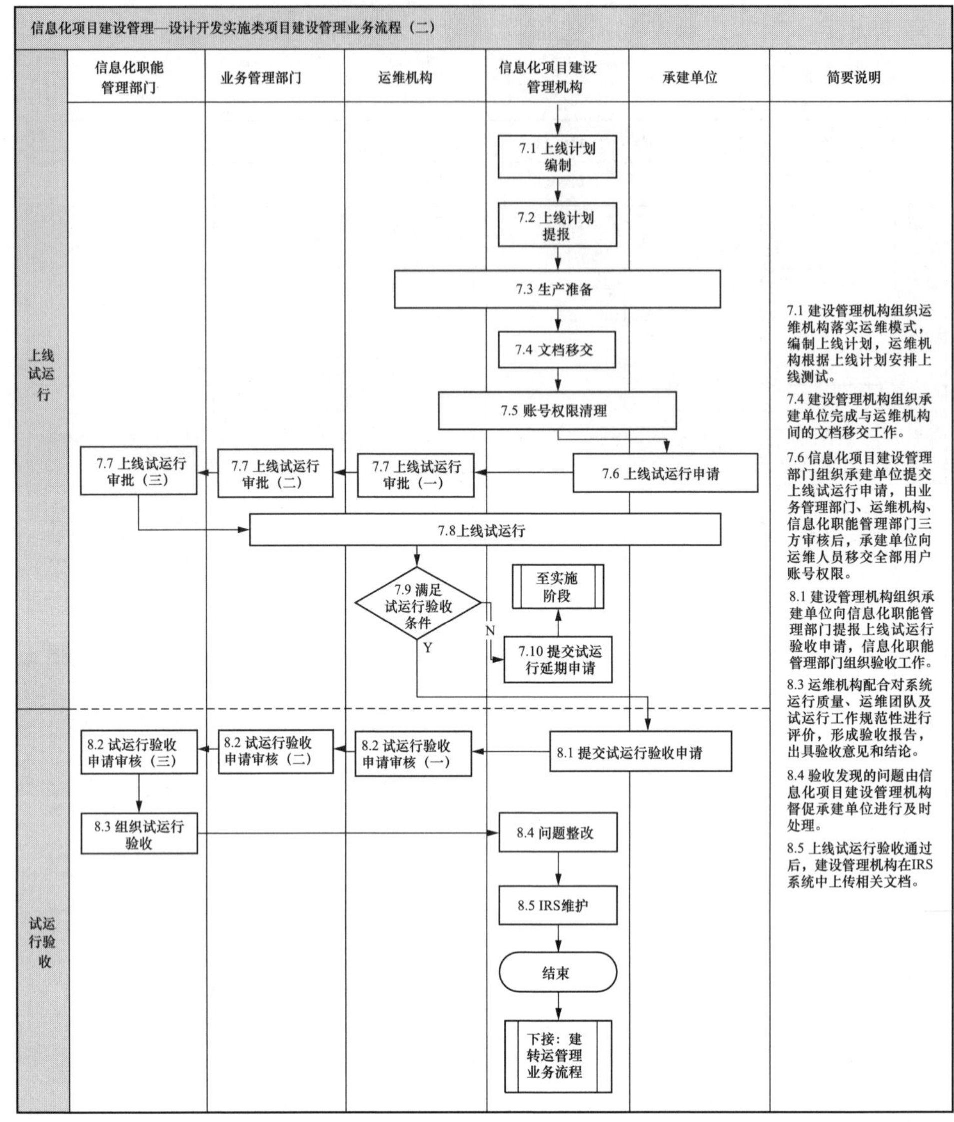

图 4-2　设计开发实施类项目建设管理业务流程（二）

（二）建设方案评审

建设方案编制完成后，由信息化职能管理部门组织开展建设方案的评审工作，参与者必须包括业务管理部门、信息化项目建设管理机构、运维机构。建设方案通过评审，则项目可开工；建设方案未通过评审，则由信息化项目建设管理机构根据评审意见对建设方案进行调整，直到通过评审。

建设方案通过评审后，由建设管理机构对建设方案及相关评审材料进行归档。

二、项目启动

（一）进场申请

信息化项目建设管理机构在接收合同后向承建单位出具《人员入场通知单》；承建单位应在接到《人员入场通知单》后与相应信息化项目建设管理机构协商确定人员入场计划；承建单位应在项目启动前向信息化项目建设管理机构提交《人员入场申请单》和《技术服务承诺书》等材料。

（二）进场审核

信息化项目建设管理机构完成人员进场审核，审核通过后安排项目承建单位人员进场开展项目实施，并对进场申请相关材料进行归档。

（三）人员进场

信息化项目建设管理机构完成项目承建单位人员资质审查、报备以及管理制度培训等工作，并与承建单位人员签订《信息项目保密协议》《信息项目安全承诺书》（如项目跨年实施，第二年需重新签署），同时，信息化项目建设管理机构根据人员计划为入场人员提供相对集中、固定的办公场所（包括但不限于固定工位、人员出入证、必要办公设备等）。

（四）项目启动会

总部统一建设的设计开发实施类项目的设计、研发阶段和实施阶段原则上应分别召开项目启动会，各单位信息化职能管理部门应在总部实施阶段启动会召开后5个工作日内，组织召开本地启动会。对于设计、研发阶段和实施阶段合并召开启动会的，各单位信息化职能管理部门应依据国网信息化项目管理中心关于实施阶段启动的正式通知，在5个工作日内组织召开本地实施项目启动会，宣贯项目范围、进度计划、里程碑节点等内容，并成立组织机构，明确职责分工等。项目启动会材料中应包含实施工作方案、启动会会议纪要、参会人员签到表扫描件、技术服务承诺书。

对于统推项目但总部不统一组织召开启动会的，各单位信息化职能管理部门依据国网信息化项目管理中心关于实施阶段启动的正式通知，自行组织召开本单位启动会。

对于独立建设项目，各单位信息化职能管理部门应在合同签订后自行组织召开项目启动会。

信息化职能管理部门和业务管理部门共同组织项目启动会，发布实施工作方案，实施工作方案包含实施计划。会议邀请项目负责人、运维部门、关键用户、承建单位、项目组主要成员参加。

本地启动会的召开标志着项目正式启动。项目启动后建设管理机构应及时在 IRS 系统中提交会议资料，维护项目实际开工时间，上传建设方案和启动会材料（包括启动会 PPT、会议纪要、参会人员签到表），并分发至各相关单位、相关部门及承建单位。

（五）开工申请

项目启动会召开后，由信息化项目建设管理机构填写开工申请。

（六）开工申请审核

开工申请提出后，由信息化职能管理部门、业务管理部门对开工申请进行审核。

开工申请审核通过后，由信息化项目建设管理机构对开工申请单进行归档。

（七）开展日常项目管控

项目实施期间，信息化项目建设管理机构对项目承建单位人员开展项目日常管控，包括人员到岗到位，项目实施进度等情况。

三、业务需求

项目承建单位负责制订调研计划并开展需求调研。针对可研阶段需求整理的成果进一步完成业务需求及功能规范分析，并向项目相关业务管理部门提交《业务需求分析报告》。《业务需求分析报告》中需包含功能性需求及非功能性需求等内容。功能性需求包括业务目标、业务流程、业务信息、应用功能、组织机构、角色与权限等相关内容的描述。非功能性需求包括系统的性能、可靠性、可维护性、可扩充性、对技术和业务的适应性以及为满足业务数据、应用和传输安全而必须具有的安全需求。

信息化职能管理部门组织业务管理部门及相关专家对需求规格说明书及功能性测试方案进行评审。需求分析完成后，应及时在 IRS 系统中维护设计开发时间节点，上传调研计划、调研报告、需求规格说明书、需求确认单、需求评审记录、功能性测试方案、评审记录等材料。

四、设计阶段

（一）方案设计

项目承建单位负责进行方案设计，方案中需包括概要设计与详细设计，以及功能性设计及非功能性设计等内容，业务应用信息化项目设计方案要以业务需求为依据。

由信息化项目建设管理机构组织承建单位依据需求报告编制《需求规格说明书》，需求规格说明书应符合《国家电网公司信息化架构管理办法》的要求，业务管理部门协同信息化职能管理部门组织评审。

承建单位依据《可行性研究报告》《项目技术规范书》，遵从公司信息化技术政策、技术路线及公司企业架构等制度、标准规范和要求，在《需求规格说明书》基础上开展概要设计工作，编制《概要设计说明书》。

信息化项目建设管理机构组织承建单位完成《概要设计说明书》编制后提交信息化职能管理部门评审并批复。

信息化项目建设管理机构在批复的概要设计上，组织开展信息系统详细设计，信息化职能管理部门评审后出具评审意见。

（二）方案评审

信息化职能管理部门组织业务管理部门及外部相关专家进行评审并生成记录。项目设计工作完成后，应及时在 IRS 系统中维护设计开发阶段时间节点，上传概要设计文档及评审意见、非功能性测试方案及评审意见、详细设计文档及评审意见等。

五、研发阶段

（一）开发环境准备

方案评审通过后，由运维机构提供系统开发所需的软硬件环境，由项目承建单位负责进行软硬件环境调试。

（二）系统开发

方案评审通过后，项目承建单位负责进行系统开发，包括系统功能开发与数据库开发等内容。

（三）内部测试

系统开发完成后，由项目承建单位进行系统内部测试；形成内部测试报告。

（四）用户确认测试

内部测试通过后，由业务管理部门组织相关用户，开展用户的功能性测试，并出具用户确认测试报告。

（五）安全测评

用户测试确认同时，由信息化项目建设管理机构委托具备相应资质的第三方测试机构进行第三方安全测试，并出具《安全测试报告》。

六、实施阶段

本部分内容针对系统在建设单位有部署或配置实施工作的项目。

（一）实施方案编制

信息化项目建设管理机构组织项目承建单位开展实施方案编制工作，实施方案需包含项目实施目标、实施范围、实施计划、项目人员组织、沟通机制及软硬件需求等内容。

（二）实施方案审核

信息化项目建设管理机构完成项目实施方案编制后，由信息化职能管理部门组织项目相关业务管理部门及信息化项目建设管理机构、运维机构对实施方案进行审核定稿。

实施项目正式启动后 10 日内在 IRS 系统中上传实施方案及评审记录。信息化项目建设管理机构负责将实施方案维护至 IRS 系统中。

（三）需求差异分析

建设单位依据实施方案中确定的工作计划组织完成需求差异分析工作。

（四）实施环境准备

运维机构根据《系统部署方案》部署软硬件环境，包含测试环境和生产环境。

（五）系统部署方案编制

项目承建单位负责完成项目系统部署方案的编制，并提交运维机构审核。

（六）系统部署方案审核

信息化项目建设管理机构会同运维机构对系统部署方案进行审核定稿，并由建设管理机构完成归档并维护至 IRS 系统中。

（七）系统部署与配置

信息化项目建设管理机构依据概要设计编制《信息系统硬件资源池申请单》，提出软硬件资源申请。软硬件资源申请工作完成后，信息化项目建设管理机构负责防火墙、网络、域名、运维审计账号等系统建设相关的申请工作，运维机构负责完成操作系统和支撑软件系统安装（包括主机漏洞扫描、安全加固等），组织承建单位开展现场部署版本与送第三方测试版本的一致性检查工作（包括数据库、中间件、部署程序等），组织承建单位根据《系统部署方案》进行系统安装部署工作。

系统部署与配置完成，并经项目承建单位内部测试通过后，由信息化项目建设管理机构进行确认。

（八）系统培训

测试环境系统部署与配置完成，并经测试通过后，由信息化项目建设管理机构会同项目相关业务管理部门及运维机构组织进行培训，包括最终用户培训与运维人员培训。

项目相关业务管理部门负责组织用户参与最终用户培训，信息化项目建设管理机构组织项目承建单位对最终用户进行系统培训。

运维机构负责组织系统运维人员参与运维人员培训，由项目承建单位对系统运维人员进行培训，培训内容包括系统软件的安装、调试、运行、检查、维护、开发等内容。

（九）上线试运行测估

系统部署与配置完成后，由信息化项目建设管理机构会同业务管理部门、运维机构开展上线试运行测试，评估是否具备上线试运行条件，出具《用户测试报告》。上线试运行测试工作内容与要求如下：

（1）对照系统可研、需求、设计及实际运行需求，对系统的性能指标、运行监控、可靠性、可维护性、安全性、易用性等进行全面、逐一测试，重点关注系统高可用、快速恢复能力、灰度发布、集成接口连通性、响应能力、数据完整性、安全性等方面；

（2）对于测试过程中发现的系统缺陷、功能故障、安全漏洞与隐患，纳入公司信息系统研发单位运维安全评价，信息化项目建设管理机构督促承建单位加强测试提高软件产品质量及时消除隐患；

（3）测试通过方可申请上线试运行，在上线测试通过前，严禁对外提供服务。

（十）上线资料梳理提交

对照国家电网有限公司项目建设文档要求，全面梳理上线试运行所要求的文档。

七、上线试运行

系统上线是指信息系统在生产环境中完成部署，导入实际数据，并投入生产的过程。

（一）上线计划编制

信息化项目建设管理机构组织运维机构落实运维模式，编制运维方案和服务目录，并制订本单位工作范围内信息系统上线计划，运维机构根据上线计划安排上线测试。

主要编制内容包括：项目名称、信息系统名称、建设类型、部署模式、计划上线日期、是否新建、是否外网部署、项目编码、系统简称、上线类型、是否纳入 I6000 监控范围、信息系统简述、计划内容、项目经理、技术经理等信息及相关附件。

（二）上线计划提报

上线计划包括季度计划、月度计划和临时计划，承建单位提交第三方测试报告后，项目建设管理机构负责定期计划、临时计划、变更计划提报。信息化职能管理部门每月15号前完成本单位上线计划审核，并在IRS中向国网信通部报批。月度计划于系统上线前一个月的15号前提报。季度计划于每季度最后一个月的15号前提报。未列入定期计划的，需根据实际情况报送临时上线计划。项目建设管理机构申请上报临时计划应提交项目经理签字的临时计划申请单，具体由技术经理进行相关操作。

（三）生产准备

信息化项目建设管理机构负责组织承建单位开展系统上线生产准备工作，包括第三方功能测试、安全测试、用户确认测试、软件著作权移交、安全防护方案评审意见（按需）、三线技术支持确认、I6000接口集成和本地测试等工作。

信息化项目建设管理机构组织承建单位配合运维机构开展上线测试工作，重点开展数据库、中间件及功能性需求验证测试，如未通过测试，则责成承建单位整改。

运维机构负责组织承建单位确认上线条件，完成运维团队的组建，完成操作系统和支撑软件系统的安装，包括主机漏洞扫描、安全加固等。

信息化项目建设管理机构将软硬件需求、技术文档、部署文档等发给运维机构，由运维机构负责审核确认。承建单位负责上线应用系统软件的安装和整体调试；调控机构负责依据人员、设备等因素，综合评估运行资源，统筹利用资源，并完成运行方式评估、变更调整等工作。

项目建设管理机构组织承建单位开展业务应用系统接入I6000测试工作。测试合格确认系统具备正式接入条件。

（四）文档移交

项目建设管理机构组织承建单位完成与运维机构间的文档移交工作。移交的文档包括《可行性研究报告》《需求规格说明书》《系统概要设计》《系统详细设计》《数据字典》《运维手册》《用户使用指南》《系统安装部署方案》《系统应急预案及快速恢复方案》《系统试用报告》《系统工作报告》《系统技术报告》等。其中《系统安装部署方案》中应包括与其他信息系统的集成方案。

（五）账号权限清理

上线试运行测试通过后，项目建设管理机构组织承建单位开展系统账号权限排查，督促承建单位列出账号权限明细清单提交账号权限清理方案；业务管理部门审批通过后，由运维机构负责完成废旧账号和权限的清理；系统承建单位承担由账号权限排查疏漏或账号权限变更导致的运行风险责任，并及时完成消缺工作。

项目建设管理机构负责协调业务管理部门确认账号及权限配置清单，并负责相关文档收集；运维部门负责系统账号权限配置工作。

（六）上线试运行申请和审批

建设管理机构督促承建单位及时提交《上线试运行申请单》（见表 4-1）、《信息系统运维责任备案表》，经各单位业务管理部门、信息化职能管理部门和运维机构三方审核后，承建单位向运维人员移交全部用户账号权限。

表 4-1　　××公司信息系统上线试运行申请单（样例）

<table>
<tr><td rowspan="8">系统承建单位</td><td>申请人</td><td></td><td>联系电话</td><td></td></tr>
<tr><td>信息系统名称、版本号</td><td colspan="3">包括：项目编号　项目名称　系统名称 及版本号</td></tr>
<tr><td>信息系统包含的功能模块</td><td colspan="3"></td></tr>
<tr><td>申请上线日期</td><td colspan="3"></td></tr>
<tr><td>系统情况简单说明</td><td colspan="3"></td></tr>
<tr><td>与一体化平台/业务应用集成要求</td><td colspan="3">□数据中心　□企业门户　□数据交换　□业务应用　□I6000 接口
□企信　□其他
具体业务应用说明：</td></tr>
<tr><td>系统承建单位负责人意见</td><td colspan="3">单位负责人：（乙方项目经理签字并盖章）
日期：　　年　　月　　日</td></tr>
</table>

续表

建设单位（部门）意见	项目经理（签字）： 日期：　年　月　日 部门领导（签章）： 日期：　年　月　日 单位负责人（签章） 日期：　年　月　日
业务主管部门意见	负责人（签章）： 日期：　年　月　日
运维单位（部门）上线准备情况、上线试运行测试结果及意见	技术经理（签字）： 日期：　年　月　日 部门领导（签章）： 日期：　年　月　日 单位负责人（签章）： 日期：　年　月　日
信息化职能管理部门意见	负责人（签章）： 日期：　年　月　日
执行情况	运维单位（部门）：运检中心专职填写执行情况
	系统承建单位：乙方项目经理填写执行情况
生成文档名称	

（七）上线试运行

指自上线操作起至完成试运行验收止，期间由运维机构统一运维管理，并承担安全运行管理责任，承建单位提供技术支持。

项目建设管理机构于上线试运行正式开始2工作日内，在IRS系统中维护上线试运行时间，并上传《系统试用报告》《系统工作报告》《系统技术报告》《系统应急预案及快速恢复方案》《上线试运行申请单》等文档。

上线试运行结束后，项目建设管理机构督促承建单位完成《系统上线试运行报告》《用户使用反馈报告》等文档的提交工作。

（八）试运行延期及终止

试运行期满后，若系统不满足试运行验收申请条件，项目建设管理机构应向上级信息化职能管理部门申请试运行延期或终止试运行，同时在IRS系统中办理试运行延期申请，原则上试运行延期不超过90日。

试运行延期期满后，若系统仍不满足试运行验收申请条件，项目运维机构应在3个工作日内报告项目建设管理机构，项目建设管理机构应于一个月内组织相关专家对信息系统进行评估，根据评估意见确定后续安排（包括但不限于安排试运行验收、限期整改后继续试运行或终止试运行）。系统试运行验收不通过的，不得安排系统验收。

八、试运行验收

（一）试运行验收开展条件

项目建设管理机构在试运行具备以下条件后，方可组织开展试运行验收。

（1）上线试运行期不少于90日。

（2）截至试运行验收申请之日，系统已持续稳定运行超过30日，且无非计划停运、主要功能失效等事件发生。

（3）试运行期间发现的重大缺陷和问题全部消除，一般缺陷已制订消缺计划并通过运维机构和业务管理部门审核。

（4）用户使用反馈报告已由业务管理部门签字盖章，上线试运行报告已由运维机构签字盖章。

（5）系统已通过验收测试。

（6）系统性能、可靠性、安全性等非功能性要求满足验收标准。

试运行期满后，若系统已满足试运行验收申请条件，由建设管理机构向信息化职能管理部门提报《上线试运行验收申请单》（见表4-2）。信息化职能管理部门负责组织验收工作，会同各单位业务管理部门制订验收方案和验收计划，成立验收工作组，印发验收通知。运维机构配合对系统运行质量、运维团队及试运行工作规范性进行评价，形成《上线试运行验收报告》，出具验收意见和结论。

表 4-2　　　　××公司系统上线试运行验收申请单

<table>
<tr><td rowspan="9">系统承建单位</td><td>申请人</td><td>填写乙方项目经理</td><td>联系电话</td><td></td></tr>
<tr><td>信息系统名称、版本号</td><td colspan="3">包括：项目编号　项目名称　系统名称 及版本号</td></tr>
<tr><td>信息系统包含的功能模块</td><td colspan="3"></td></tr>
<tr><td>系统承建单位名称</td><td colspan="3"></td></tr>
<tr><td>申请验收日期</td><td colspan="3">时间与上线试运行单时间相差三个月</td></tr>
<tr><td>系统上线试运行情况</td><td colspan="3"></td></tr>
<tr><td>用户培训、运维移交情况</td><td colspan="3"></td></tr>
<tr><td>与一体化平台/业务应用集成完成情况</td><td colspan="3">□数据中心　□企业门户　□数据交换□业务应用
□I6000 接口　□企信　□其他
具体业务应用说明：</td></tr>
<tr><td>系统承建单位负责人意见</td><td colspan="3">单位负责人（签字）：乙方项目经理签字并盖章
日期：　年　月　日</td></tr>
<tr><td colspan="2">运维单位（部门）上线试运行情况及生产准备情况</td><td colspan="3">技术经理（签字）：
日期：　年　月　日
部门领导（签章）：
日期：　年　月　日
单位负责人（签章）：
日期：　年　月　日</td></tr>
<tr><td colspan="2">业务主管部门意见</td><td colspan="3">负责人（签章）：
日期：　年　月　日</td></tr>
<tr><td colspan="2">信息化职能管理部门意见</td><td colspan="3">负责人（签章）：
日期：　年　月　日</td></tr>
<tr><td colspan="2">备注</td><td colspan="3"></td></tr>
</table>

备注：原则上所有签字确认日期不得早于申请验收日期。

（二）问题整改

对于验收发现的问题，验收工作组明确整改内容、责任单位、监督复查单位及时限要求，由建设管理机构督促承建单位进行及时处理。对于验收不通过的项目，建设单位应根据验收工作组提出的意见进行处理。

（三）IRS 维护

上线试运行验收通过后，建设管理机构在 IRS 系统中上传相关文档，包括但不限于试运行测试报告、系统上线试运行报告、用户使用反馈报告、上线试运行验收报告，以及维护试运行测试完成时间、试运行验收时间等。

上线试运行验收通过后，标志着建转运工作完成，系统进入正式运行阶段。

4.2 软硬件购置类项目建设管理

软硬件购置类项目建设管理过程，主要包含物资到货、安装调试两个阶段。主要参与者包括业务管理部门、信息化项目建设管理机构、物资管理部门、承建单位等。

业务管理部门主要职责包括：参与部署方案评审、参与功能确认、参与相关培训。

信息化项目建设管理机构主要职责包括：中标物资确认、物资信息核实、参与到货单信息确认、组织部署方案评审、组织功能确认、项目物资运行状态信息更新、组织参与相关培训。

物资管理部门主要职责包括：组织到货单信息确认。

承建单位主要职责包括：根据中标物资发货、参与到货单信息确认、部署方案编写、组织安装调试、参与功能确认、参与相关培训。

4.2.1 软硬件购置类项目建设管理业务流程

软硬件购置类项目建设管理业务流程如图 4-3 所示。

4.2.2 软硬件购置类项目建设管理作业指导

一、物资到货阶段

（一）中标物资信息确认

信息化项目建设管理机构在合同签订后，联系项目承建单位进行中标物资信息确认，并提供收货地址、收货联系人、收货时间等信息。

（二）承建单位发货

承建单位在合同签订后，配合信息化项目建设管理机构对中标物资信息确认完成后，根据信息化项目建设管理机构提供的收货地址、收货联系人、收货时间等信息进行发货，厂家需要提供发货单。

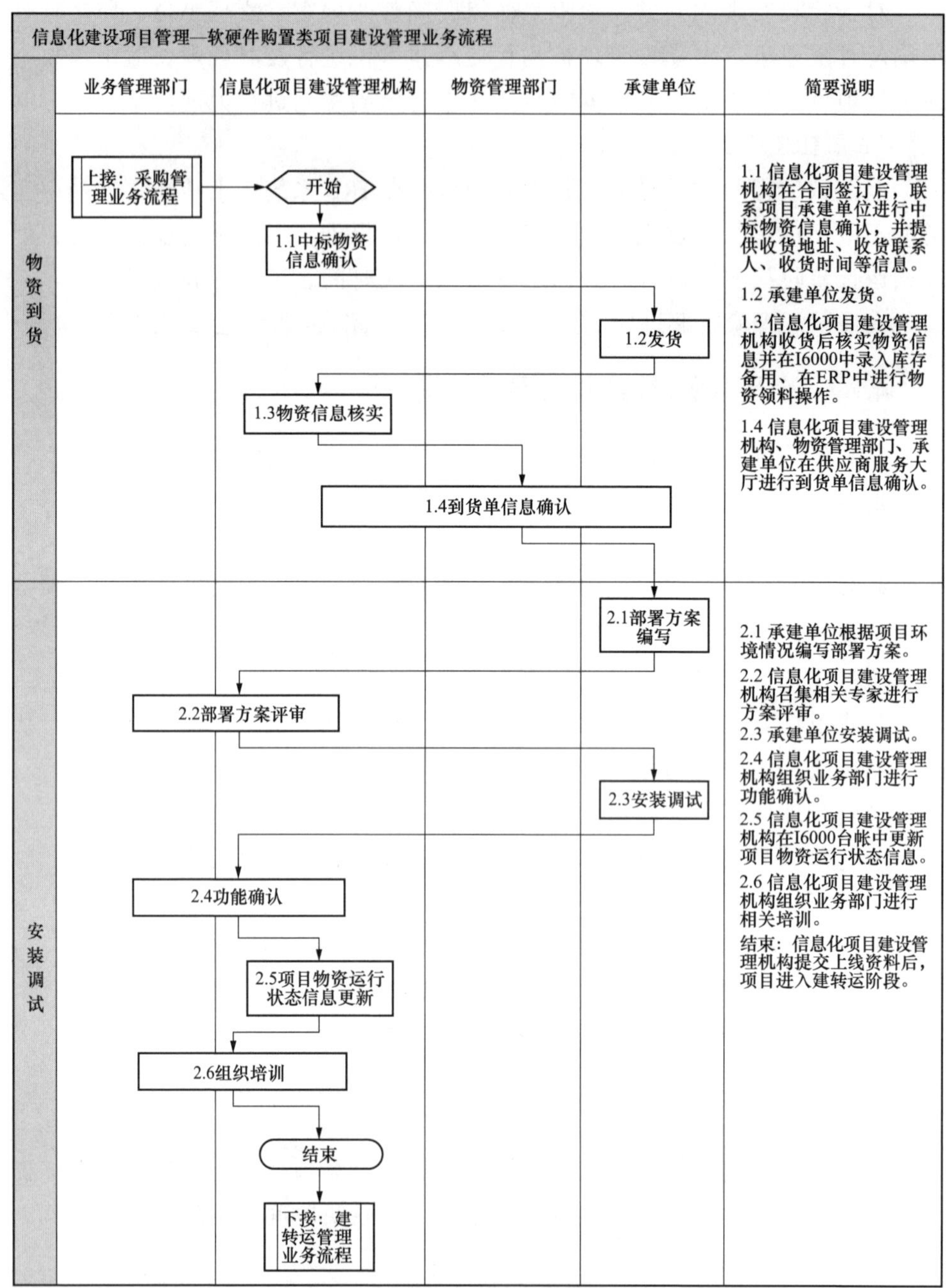

图 4-3　软硬件购置类项目建设管理业务流程

（三）核实物资信息

信息化项目建设管理机构收货后核实物资信息并在 I6000 中录入库存备用、在 ERP 中进行物资领料操作，打印《领料单》（见表 3-2）。

（四）到货单信息确认

信息化项目建设管理机构、物资管理部门、承建单位进行到货单信息确认，做好《到货验收单》（见表 4-3）和《货物交接单》（见表 4-4）的流转归档。

表 4-3　　　　到 货 验 收 单

国家电网公司 STATE GRID CORPORATION OF CHINA

到货验收单

到货验收单号：　　　　　　　　　　采购订单号：

合同编号		供应商	
项目单位		项目名称	
供应商联系人/电话		承运商联系人/电话	
收货联系人/电话		交货地点	

序号	物料描述	单位	合同数量	发货数量	换货数量	实际到货数量	预计发货期	预计到货期	实际交货期

备　注			
物资供应公司 （签字/时间）		项目单位接收人 （签字/时间）	

供应商交付人 （签字/时间）		监理单位 （签字/时间）		施工单位 （签字/时间）	

说明：

1. 到货验收应说明本单物资的外观、开箱验收情况、到货数量、重量、附件、文件资料等情况。
2. 本验收（交接）单为买卖双方物资交接验收，货款结算的重要凭证，双方应妥善保管。
3. 可根据实际情况进行签字，其中：物资供应公司、供应商交付人为必填，项目单位接收人、监理单位人、施工单位人为选填。

表 4-4　　　　货 物 交 接 单

货物交接单

货物交接单号：　　　　　　　　　　采购订单号：

合同编码		供应商			
项目单位		项目名称			
供应商 联系人/电话		承运商 联系人/电话			

续表

<table>
<tr><td colspan="2">收货
联系人电话</td><td colspan="3"></td><td>交货地点</td><td></td><td></td><td></td></tr>
<tr><td colspan="2">收货地址</td><td colspan="7"></td></tr>
<tr><td>序号</td><td>物料描述</td><td>单位</td><td>合同数量</td><td>发货数量</td><td>交接数量</td><td>预计
发货期</td><td>预计
到货期</td><td>实际
交货期</td></tr>
<tr><td>1</td><td></td><td></td><td></td><td></td><td></td><td></td><td></td><td></td></tr>
<tr><td>2</td><td></td><td></td><td></td><td></td><td></td><td></td><td></td><td></td></tr>
<tr><td>3</td><td></td><td></td><td></td><td></td><td></td><td></td><td></td><td></td></tr>
<tr><td>4</td><td></td><td></td><td></td><td></td><td></td><td></td><td></td><td></td></tr>
<tr><td colspan="2">备注</td><td colspan="7"></td></tr>
<tr><td colspan="2">发货方（签字/时间）</td><td colspan="3"></td><td colspan="2">发货方（签字/时间）</td><td colspan="2"></td></tr>
</table>

说明：1. 货物交接应说明本单位物资的外观情况、到货数量等情况，详见装箱单。

2. 本验收（交接）单为买卖双方物资到货交接重要凭证，双方应妥善保管。

二、安装调试阶段

（一）部署方案编写

承建单位根据项目环境情况编写部署方案。部署方案至少应包含安装部署时间、地点、安装部署步骤、风险点和防控措施等。

（二）部署方案评审

部署方案编制完成后，由信息化项目建设管理机构组织开展部署方案评审工作，参与者应包括业务部门。部署方案通过评审后，项目可以开展安装调试；部署方案未通过评审，则由承建单位根据评审意见对部署方案进行调整，直到通过评审。

（三）安装调试

通过评审后的方案才可开展安装调试工作，承建单位安装调试工作需要出示开工单后方能施工。

（四）功能确认

安装调试完成后，信息化项目建设管理机构组织业务部门进行功能确认，并出具用户确认测试报告。承建单位负责提供系统管理员手册、工作报告、技术报告、用户报告。

（五）项目物资运行状态信息更新

信息化项目建设管理机构及时在I6000台账中更新项目物资运行状态信息。

（六）组织培训

信息化项目建设管理机构组织业务部门进行相关培训，保存用户培训记录。

4.3 基础设施类项目建设管理

基础设施类信息化项目建设管理流程分为项目设计、项目开工、项目施工三个阶段，共涉及省公司或地市（县）供电公司信息化职能管理部门、业务管理部门、信息化项目建设管理机构，以及承建单位和设计机构。各节点流程详见咨询类信息化项目建设管理流程图。

4.3.1 基础设施类项目建设管理业务流程

基础设施类项目建设管理业务流程如图 4-4 所示。

4.3.2 基础设施类项目建设管理作业指导

一、项目设计阶段

（一）现场勘查

设计机构根据项目可研报告到项目施工现场开展现场勘察工作，并根据现场实际情况形成现场勘查记录。

（二）方案设计

项目设计机构根据项目可研报告和现场勘察记录，开展设计方案编制工作，方案设计完成后提交省公司信息化职能管理部门进行评审。

（三）设计方案评审

基础设施类项目建设设计方案由省公司信息化职能管理部门组织专家组开展设计方案评审，出具评审意见，并完成设计方案批复。

（四）施工图交底

省公司或地市（县）供电公司信息化项目建设管理机构组织设计机构、承建单位、监理单位（按需）进行施工图交底，施工图交底后，由省公司或地市（县）供电公司信息化项目建设管理机构、承建单位签字确认。

二、项目开工阶段

（一）建设施工方案编制

基础设施类项目建设施工方案由省公司或地市（县）供电公司信息化项目建设管理机构组织设计单位、承建单位完成信息化项目建设施工方案编制，建设施工方案应严格遵循公司总部统一制订的信息化架构及信息标准，内容需包括信息化项目目标、项目范围、里程碑计划、人员组织、沟通机制等内容。

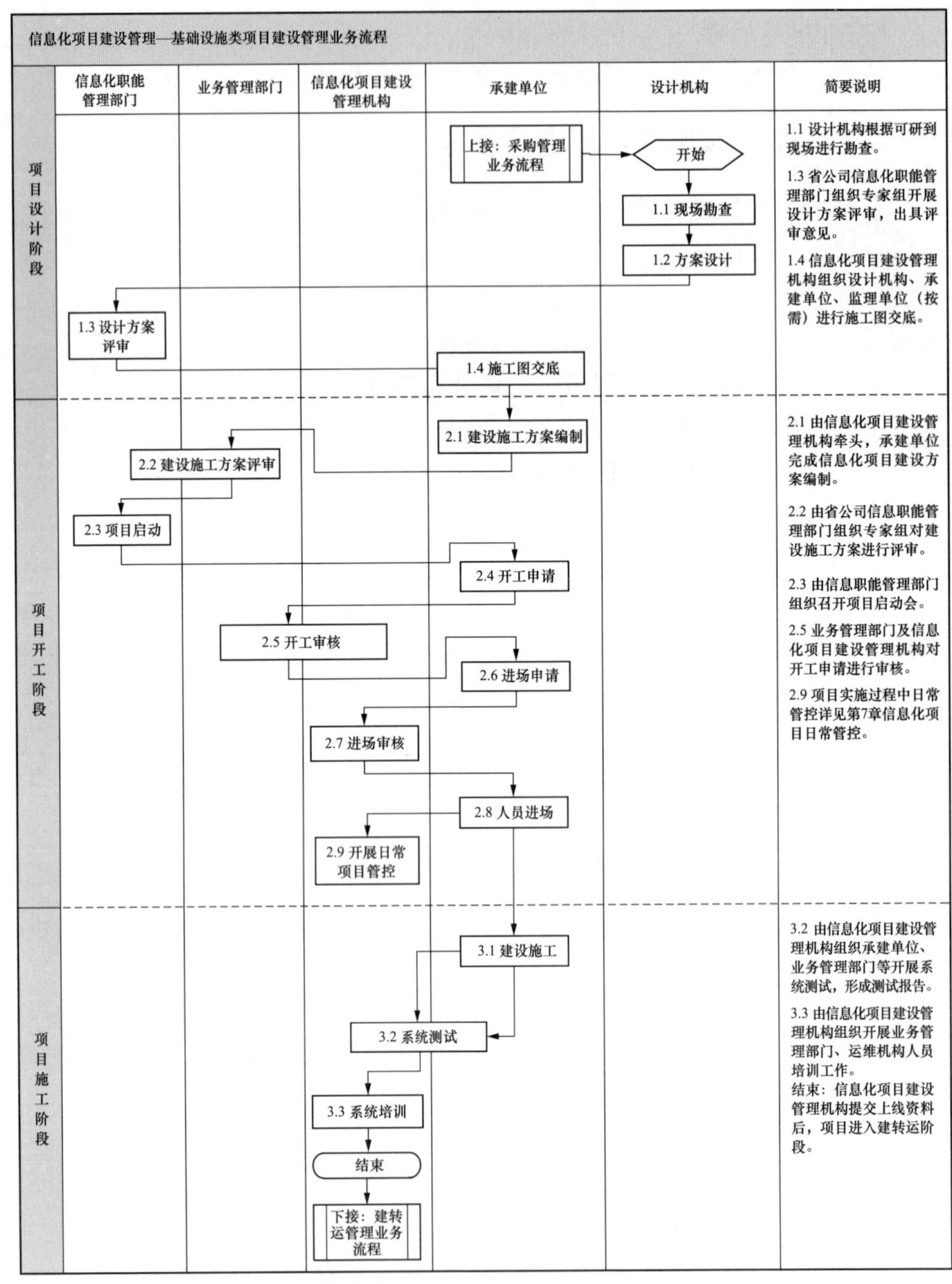

图 4-4 基础设施类项目建设管理业务流程

建设施工方案编制完成后，由省公司或地市（县）供电公司信息化项目建设管理机构提交省公司信息化职能管理部门进行评审，如省公司科技信通部，评审通过后信息化项目负责人负责将里程碑计划维护至 IRS 系统中。

（二）建设施工方案评审

省公司信息化职能管理部门收到省公司或地市（县）供电公司信息化项目建设管理机构提交的建设施工方案后，应按规定组织项目相关的业务部门、信息化项目建设管理机构、运维机构等共同召开建设施工方案评审会，对项目建设施工方案进行评审并出具评审意见和会议纪要。如果未通过评审，省公司或地市（县）供电公司信息化项目建设管理机构需按照评审意见对建设施工方案进行修改，修改通过后由省公司信息化职能管理部门下达项目启动。

（三）项目启动

基础设施类信息化项目原则上由省公司或地市（县）供电公司信息化职能管理部门组织相应层级业务管理部门、信息化项目建设管理机构、运维机构及承建单位召开项目启动会，形成《启动会会议纪要》。启动会应成立组织机构，明确职责分工、项目范围、进度计划、里程碑节点，并对项目所需的设备、材料进行清点、核对，确认数量、型号等符合设计要求，现场施工条件符合项目实施要求。

启动会召开后，由项目负责人负责将启动会材料，包括建设施工方案、启动会 PPT、会议纪要等文档，维护至 IRS 系统中，并分发至组织机构中的所有人员。

（四）开工申请

项目启动会召开后，应由承建单位填写开工申请单，向省公司或地市（县）供电公司信息化项目建设管理机构提交开工申请。开工申请单格式详见表 4-5。

表 4-5　××××公司信息通信项目开工申请单

名称		批准文号	
建设内容		负责人	
		联系电话	
		开工时间	
		完工时间	
前期工作情况	前期工作总体情况描述： （重点写明项目来源和状态）		

续表

前期工作情况	信息化项目（任务） 可研已制订并批复（附件）； 实施计划已制订并审查合格（附件）； 实施方案已制订并审查合格（附件）； 实施组织已落实到位； 通信项目（任务） 工程管理策划文件已审批； 施工图审查已进行； 安全文明施工二次策划满足要求；施工技术交底已完成；施工作业指导书已制订并审查合格； 施工组织措施、技术措施、安全措施已落实； 申请于××××年××月××日开工，请批准。
建设管理机构意见	部门领导（签字）： 盖　章 年　月　日
业务部门意见	部门领导（签字）： 盖　章 年　月　日
信息通信职能管理部门意见	部门领导（签字）： 盖　章 年　月　日

项目开工前，由省公司或地市（县）供电公司信息化项目建设管理机构组织承建单位和运维机构共同编制《组织、安全、技术措施及应急预案》（简称“三措一案”）。

（五）开工审核

承建单位向省公司或地市（县）供电公司信息化项目建设管理机构提出开工申请后，由省公司或地市（县）供电公司信息化项目建设管理机构及项目相关业务管理部门共同审核。审核通过后，由省公司或地市（县）供电公司信息化项目建设管理机构对开工申请相关材料进行归档并上传至IRS系统。

(六)进场申请

项目开工后由项目承建单位填写《信息化项目实施人员进场申请单》,向省公司或地市(县)供电公司信息化项目建设管理机构提出人员进场申请,信息化项目实施人员进场申请单格式详见表4-6。

表4-6　　信息化项目实施人员进场申请单

<table>
<tr><td>项目名称</td><td colspan="2"></td><td>项目负责人</td><td></td></tr>
<tr><td>项目目标
及实施内容</td><td colspan="4"></td></tr>
<tr><td>基地工作时间</td><td colspan="4">年月日　　至年月日</td></tr>
<tr><td rowspan="8">乙方项目负责人
及项目成员名单</td><td>序号</td><td>姓名</td><td>电话号码</td><td>备注</td></tr>
<tr><td>1</td><td></td><td></td><td></td></tr>
<tr><td>2</td><td></td><td></td><td></td></tr>
<tr><td>3</td><td></td><td></td><td></td></tr>
<tr><td>4</td><td></td><td></td><td></td></tr>
<tr><td>5</td><td></td><td></td><td></td></tr>
<tr><td>6</td><td></td><td></td><td></td></tr>
<tr><td>7</td><td></td><td></td><td></td></tr>
<tr><td>乙方项目经理</td><td colspan="4">签字:

日期:</td></tr>
<tr><td>项目建设管理机构
项目经理</td><td colspan="4">意见:

日期:</td></tr>
<tr><td>项目对应业务部门</td><td colspan="4">意见:

日期:</td></tr>
<tr><td>项目建设管理机构</td><td colspan="4">意见:

日期:</td></tr>
</table>

（七）进场审核

省公司或地市（县）供电公司信息化项目建设管理机构根据承建单位提出的进场申请，对项目实施内容、工作时间、人员资质等信息进行审核。

（八）人员进场

省公司或地市（县）供电公司信息化项目建设管理机构对承建单位提出的进场申请审核通过后，组织承建单位安排人员进场，开展项目实施。省公司或地市（县）供电公司信息化项目建设管理机构对进场申请相关材料进行归档并上传至 IRS 系统。

（九）开展日常项目管控

人员进场后，承建单位向省公司或地市（县）供电公司信息化项目建设管理机构提交《技术服务承诺书》，省公司或地市（县）供电公司信息化项目建设管理机构对承建单位人员资质材料进行备案，对承建单位入场人员开展管理制度和网络安全培训等工作，并与承建单位入场人员签订《信息项目保密协议》《信息项目安全承诺书》，同时负责落实办公环境。

项目实施期间，省公司或地市（县）供电公司信息化项目建设管理机构持续对承建单位人员开展项目日常管控，包括人员到岗到位，项目实施进度、安全管理等情况（详见第 7 章　信息化项目日常管控）。

三、项目施工阶段

（一）建设施工

省公司或地市（县）供电公司信息化项目建设管理机构应对项目施工进度和工艺质量进行管控，收集和整理实施过程中过程性文档，主要包括阶段性验收结果、缺陷单和整改记录等。

承建单位应严格按照建设施工方案和施工图进行施工，施工过程中遇到基础设施隐蔽工程，在回填前应提请省公司或地市（县）供电公司信息化项目建设管理机构、设计机构、监理单位（按需）共同对隐蔽工程进行验收，验收中发现的问题由省公司或地市（县）供电公司信息化项目建设管理机构发送整改通知单，承建单位负责整改。整改完成并验收合格后，省公司或地市（县）供电公司信息化项目建设管理机构、设计机构、监理单位（按需）应在《隐蔽验收记录表》上签字确认。项目完工后，由承建单位提交《信息化建设项目完工通知单》（详见表 4-7），省公司或地市（县）供电公司信息项目建设管理机构组织项目验收。

表 4-7　　　　　　　　**信息化建设项目完工通知单**

<table>
<tr><td>项目名称</td><td></td><td>项目编号</td><td colspan="2"></td></tr>
<tr><td rowspan="5">项目内容</td><td rowspan="5"></td><td>开工日期</td><td colspan="2"></td></tr>
<tr><td>完工日期</td><td colspan="2"></td></tr>
<tr><td rowspan="3">项目计划费用</td><td>计划总额</td><td></td></tr>
<tr><td>资本性支出</td><td></td></tr>
<tr><td>成本性支出</td><td></td></tr>
<tr><td>项目建设部门（单位）意见</td><td colspan="4">部门（单位）领导（签字）：　　　　盖　章
年　月　日</td></tr>
<tr><td>项目业务责任部门意见</td><td colspan="4">部门领导（签字）：　　　　盖　章
年　月　日</td></tr>
<tr><td>信息化管理部门意见</td><td colspan="4">部门领导（签字）：　　　　盖　章
年　月　日</td></tr>
<tr><td>单位意见（公司本部不填）</td><td colspan="4">信息化主管领导（签字）：　　　　盖　章
年　月　日</td></tr>
</table>

填报人（签字）：

如因项目范围、需求调整等原因需调整建设施工方案，由承建单位向省公司或地市（县）供电公司信息化项目建设管理机构提交书面的《建设施工方案变更单》。具体变更流程详见第 7 章　信息化项目日常管控。

（二）系统测试

项目建设施工完成后，省公司或地市（县）供电公司信息化项目建设管理机构组织承建单位、业务管理部门、运维机构开展系统测试。承建单位根据系统测试结果，对测试发现的问题开展整改。问题整改完成后，由省公司或地市（县）供电公司信息化项目建设管理机构组织进行复测，直至所有问题整改完毕。省公司或地市（县）供电公司信息化项目建设管理机构负责形成书面测试报告，并对测试报告进行归档同时上传至 IRS 系统。

（三）系统培训

系统培训由省公司或地市（县）供电公司信息化项目建设管理机构负责组织，业务管理部门、承建单位配合开展。省公司或地市（县）供电公司信息化项目建设管理机构负责提供培训环境和培训资源，承建单位负责提供培训资料和师资力量，组织开展业务部门、运维机构人员培训工作。

第5章

信息化项目建转运管理

信息化项目建转运管理是信息化项目管理的第五部分，建转运是指为保证信息系统由建设阶段平稳过渡到运行阶段而采取的一切必要工作，涵盖从信息系统项目立项到正式运行的各阶段。主要从职责分工、项目立项、项目启动、系统开发实施、试运行准备、上线试运行、检查考核等方面作出具体规定和要求。

信息化项目建转运管理分为设计开发实施类项目建转运管理、软硬件购置类、基础设施类项目建转运管理项目三大类。

5.1 设计开发实施类项目建转运管理

设计开发实施类项目建转运管理涉及总部信息化职能管理部门、省公司信息化职能管理部门、业务部门、运维机构、建设机构、承建单位。

5.1.1 设计开发实施类项目建转运管理业务流程

建转运工作贯穿于设计开发实施类项目各阶段，在项目建设相关阶段都需要考虑，设计开发实施类项目建转运管理业务流程如图 5-1 所示。

5.1.2 设计开发实施类项目建转运管理业务作业指导

一、项目前期运维介入阶段

项目前期运维介入工作主要包括初步确定运维规模、运维成本和非功能性需求等内容。以下各章节主要是对流程图中项目前期运维介入业务管理流程节点的描述。

（一）可研介入

在项目可行性研究报告中包含建转运相关内容，项目申请机构根据经营战略、信息化规划等若干原则，对影响信息系统运行所需的软硬件资源、系统架构、运维模式、运维规模、运维成本以及包括运维分析监控工具在内的非功能性需求等因素进行规划。项目经费预算中包含建转运过程中产生的必要费用，包含第三方确认测试、生产准备等方面的必要费用。

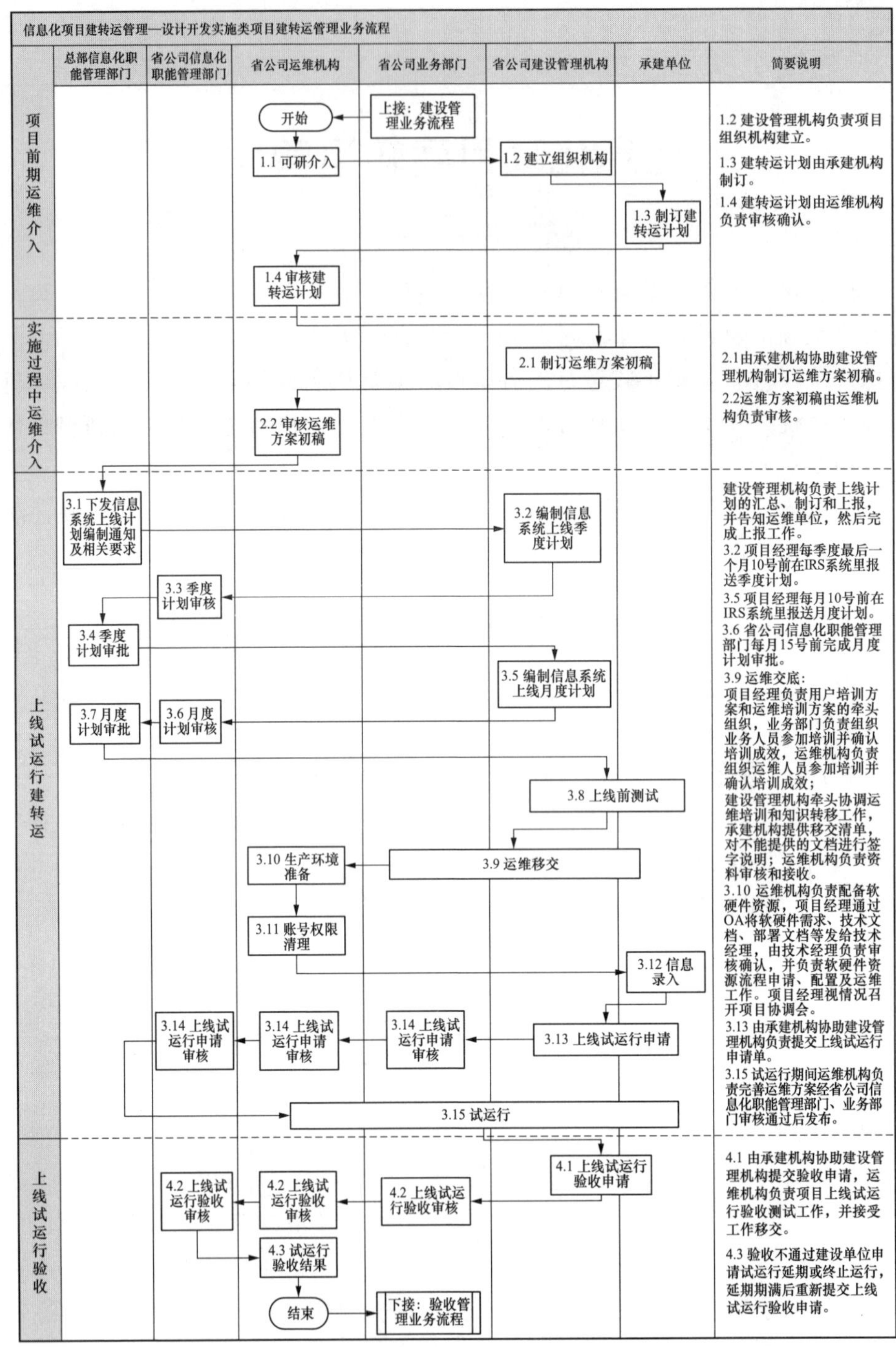

图 5-1 设计开发实施类项目建转运管理业务流程

可研评审机构应邀请运维机构参加可研评审，对信息系统运行所需的软硬件资源、系统架构、运维模式、运维规模、运维成本以及非功能性需求等提出相关意见和建议。

该阶段形成成果为项目可研报告。

（二）建立组织机构

为保证建转运各阶段工作顺利开展，应组建由运维机构、业务部门、建设机构、承建单位人员共同组成的运维设计组，负责组织开展信息系统运行所需软硬件资源、运维模式、运维规模、运维成本以及非功能性需求等的研究设计工作，参与项目需求分析、设计、开发、测试、部署实施等工作。负责建转运计划编制，计划应包含建转运生产准备计划、运维团队组建计划、运维团队培训计划等。建设机构负责协调省公司信息化职能管理部门，落实召开启动会；运维单位参加启动会。

（三）制订建转运计划

承建单位负责编制建转运计划，具体包括建转运生产准备计划、运维团队组建计划、运维团队培训计划等内容。

该阶段形成成果为项目建转运计划初稿，具体包括建转运生产准备计划、运维团队组建计划、运维团队培训计划。

（四）审核建转运计划

根据承建单位提供的项目建转运计划初稿，运维机构负责审核确认，并组织相关运维人员参加培训，并确认培训成效。

该阶段形成成果为项目建转运计划终稿，具体包括建转运生产准备计划、运维团队组建计划、运维团队培训计划。

二、项目实施过程中运维介入阶段

设计开发实施类项目实施过程中运维介入涉及的建转运工作主要包括非功能性需求管理、运维方案、服务目录制订、账号权限清理、信息系统安全备案等。以下是对流程图中项目实施过程中运维介入业务管理流程节点的描述。

（一）制订运维方案初稿

建设机构在设计开发实施类项目详细设计结束前完成运维模式的设计工作，保证设备满足自主、可靠、安全裕度要求，并及时将结果通知运维机构。承建单位协助建设机构编制运维方案初稿，运维方案应明确运维团队组织架构、岗位设置和人员配备情况、运维内容和服务范围、运维管理流程和管理办法、系统运维级别和服务时间等。

该阶段形成成果为项目运维方案初稿。

（二）审核运维方案初稿

根据建设机构提供的项目运维方案初稿，运维机构负责审核确认。

该阶段形成成果为项目运维方案审查稿。

三、上线试运行建转运阶段

系统上线是指信息系统在生产环境中完成部署，导入实际数据，并投入生产的过程。信息系统上线试运行包括试运行准备、试运行两个阶段，其中试运行准备工作包括上线计划、生产准备、上线测试、运维交底、责任备案、上线试运行申请等内容。上线计划报送流程仅限于总部综合计划下达中所含的项目，如不在总部综合计划中的项目则可跳过。以下各章节主要是对流程图中上线试运行过程中运维介入业务管理流程节点的描述。

（一）下发信息系统上线计划编制通知及相关要求

总部下发信息系统上线计划编制通知及相关要求，按照总部工作要求开展信息系统上线计划编制。

（二）编制信息系统上线季度计划

建设机构负责信息系统上线季度计划的汇总、制订和上报，并告知运维机构，上线计划内容具体包括上线计划负责人、上线时间节点、项目名称、建设单位、应用类型、系统名称、信息系统简述、涉及设备等信息及相关附件等内容。

下季度信息系统上线计划由建设机构每季度最后一个月 10 号前通过信息通信业务综合管理模块（IRS）报送省公司信息化职能管理部门。

该阶段形成成果为信息系统上线季度计划。

（三）季度计划审核

省公司信息化职能管理部门每季度最后一个月 15 日前，完成本单位季度上线计划审核，并在 IRS 中向总部备案。

（四）季度计划审批

总部每季度完成季度计划审批。

（五）编制信息系统上线月度计划

建设机构负责信息系统上线季度计划的汇总、制订和上报，并告知运维机构，信息系统上线月度计划主要包括上线计划负责人、上线时间节点、项目名称、建设单位、应用类型、系统名称、信息系统简述、涉及设备等信息及相关附件等内容。

建设机构每月 10 号前通过信息通信业务综合管理模块（IRS）报送下月信息系统上线计划和国家电网有限公司信息系统运维责任备案表(见表 5-1)。

该阶段形成成果为信息系统上线月度计划和信息系统运维责任备案表。

表 5-1　　信息系统运维责任备案表（样例）

单位：

系统名称		
业务应用管理部门		
承建单位		
系统上线试运行时间		
系统部署地		
灾备环境部署地		
是否纳入 IMS 监控		
是否纳入公司统一三线技术支持管理		
运维项目	责任内容	责任单位（部门）
基础设施运维		
基础平台运维		
系统运维		
应用运维		
业务部门意见	部门负责人（签字）： 日期：　年　月　日	
运维机构意见	单位负责人（签字）： 日期：　年　月　日	
信息化职能管理部门意见	部门负责人（签字）： 日期：　年　月　日	

（六）月度计划审核

省公司信息化职能管理部门每月 15 号前完成本单位上线计划审核，并在 IRS 中向总部报批。

（七）月度计划审批

总部完成月度计划审批。

（八）上线前测试

承建单位在提交上线试运行申请前5个工作日完成上线前测试工作，同时将测试报告提交运维机构；建设机构负责督促承建单位按期提交报告，负责报告收集。上线前测试包括对照系统可研、需求、设计及实际运行需求，对系统的性能指标、运行监控、可靠性、可维护性、安全性、易用性等进行全面、逐一测试，重点关注系统高可用、快速恢复能力、灰度发布、集成接口连通性、响应能力、数据完整性、安全性等方面。

对于测试过程中发现的系统缺陷、功能故障、安全漏洞与隐患，纳入公司信息系统研发单位运维安全评价，建设机构督促系统承建单位加强测试提高软件产品质量并及时消除隐患；测试通过方可申请上线试运行，在上线测试通过前，严禁对外提供服务。

针对移动App系统或模块，第三方测试应包含对所有适用平台（包含苹果与安卓）的测试，并形成独立测试报告，方可开展试运行申请流程。第三方测试主要是系统本身的功能、性能、安全等特性的检测，测试的环境也较为简单，主要目的是为了发现被测系统本身的问题。

该阶段形成成果为测试报告和第三方测试报告。

（九）运维移交

承建单位在上线试运行申请前5个工作日完成用户培训，用户培训主要针对业务部门、最终用户和运维人员。建设机构牵头组织培训工作，负责督促承建单位按期完成，负责相关材料的收集。承建单位应按照培训方案认真组织用户培训（具体由业务部门组织业务人员参加）和运维培训（具体由运维机构组织运维人员参加），培训结果应由业务部门和运维机构书面确认，运维培训结束后，应组织运维人员参与运维考试，考试合格后，运维交底完成。

承建单位在试运行申请前15个工作日完成建转运资料转移（有些资料需要在试运行期间进行编写和完善），承建单位在上线试运行申请前3个工作日完成知识产权移交和安全备案工作。

建设机构牵头协调运维资料移交工作，承建单位提供移交清单，对不能提供的文档进行签字说明；运维机构负责资料审核和接收。运维移交文档包括可行性研究报告、需求规格说明书、系统概要设计报告、系统详细设计报告、数据字典或数据库设计说明书（根据项目类型判断是否需要）、用户手册、系统管理员手册、第三方测试报告、用户确认测试报告、安全评估报告、技术服务承诺书、系统工作报告、系统技术报告、系统部署方案、系统应急预案及快速恢复方案、用户使用报告、数据备份及恢复操作手册、运维手册、培训手册、安全防护方案及评审意见、运维责任备案表、上线测试备案表；其中系统部署方案中应包括与其他信息系统的交互需求和操作方案。

本阶段形成的文档成果及相关要求见表5-2。

表5-2　　信息系统建转运移交资料清单表

序号	文档	内　　容	提交节点
			上线试运行申请
1	可行性研究报告	系统立项的可行性研究报告	√
2	需求规格说明书	系统建设前对相关业务和功能需求的分析与说明	√
3	系统概要设计报告	系统功能与实现的概要设计	√
4	系统详细设计报告	系统功能与实现的详细设计	√
5	数据字典或数据库设计说明书	系统中数据库部分的详细设备	√
6	用户手册	系统最终用户使用系统的指南，重点在于系统功能如何使用	√
7	系统管理员手册	系统管理员维护系统的指南（如系统的启停操作、常见问题及排除、日常巡检），重点在于系统如何维护与后台的操作	√
8	第三方测试报告	具备软件测试资质的第三方对系统进行的至少包含功能和性能测试的全面测试报告，含测试大纲和测试用例	√
9	用户确认测试报告	业务主管部门组织用户对系统进行用户试用确认测试，含用户对系统功能和性能与实际业务符合的测试结论	√
10	安全评估报告	具有安全评估资质的第三方对系统的全面安全测试报告，含系统与数据安全性、防渗透与攻击等项安全测试内容与结论	√
11	技术服务承诺书	开发单位提供技术服务的书面承诺报告	√
12	系统工作报告	系统建设方关于系统建设整体过程的报告	√
13	系统技术报告	系统建设方关于系统建设技术路线、体系结构、技术难点等技术相关的报告	√
14	系统部署方案	包含：①应用描述；②系统架构；③硬件设备与平台软件需求书及相关参数；④数据迁移、存储、备份、恢复策略；⑤系统权限策略，用户及口令配置表等	√

续表

序号	文档	内　　容	提交节点
			上线试运行申请
15	系统应急预案及快速恢复方案	系统应急预案及故障时快速恢复方案，及定量的恢复时间	√
16	用户使用报告	系统最终用户对系统使用后的情况反馈	√
17	数据备份及恢复操作手册	系统运行数据备份及恢复操作说明	√
18	运维手册	系统日常运维操作说明	√
19	培训手册	系统使用各层次用户培训相关文档	√
20	安全防护方案及评审意见	信息系统安全防护服务内容及通过评审后的说明	√
21	运维责任备案表	对信息系统运行维护管理进行的责任备案	√
22	上线测试备案表	对上线测试报告进行备案	√

（十）生产环境准备

运维机构负责完成上线生产环境准备，包括操作系统和支撑软件系统的安装、主机漏洞扫描、安全加固等；建设机构通过 OA 将软硬件需求、技术文档、部署文档等发给运维机构，由运维机构负责审核确认。承建单位负责上线应用系统软件的安装和整体调试；调控机构负责依据人员、设备等因素，综合评估运行资源，统筹利用资源，并完成运行方式评估、变更调整等工作。

（十一）账号权限清理

承建单位排查系统账号权限，提交账号权限清理方案，由业务主管部门审批通过后，由运维机构监督完成废旧账号和权限的清理，在上线试运行申请提交前完成上述工作；试运行期间，建设机构承担由账号权限排查疏漏或账号权限变更导致的运行风险责任，并及时完成消缺工作。建设机构协调业务部门确认账号及权限配置清单，并负责相关文档的收集工作。

该阶段形成成果为账号权限清理清单，包含清理的账号和保留的账号信息。

（十二）信息录入

承担机构需在上线试运行前完成信息通信一体化调度运行支撑平台（以下简称 I6000）监控接入前适应性调整工作，统一纳入调度监控，在 I6000 监控接入前，严禁对外提供服务。针对定制化软硬件购置项目，应按照设备接入 I6000 要求，完成入网申请。

（十三）上线试运行申请

建设机构组织承建单位完成运维交底、软件著作权移交、三线技术支持服务确认、I6000监控接入等工作后，填写《信息系统上线试运行申请单》（见表5-3），依次向业务部门、运维机构提交审核，通过后报省公司信息化职能管理部门审批。审批通过后，承建单位需严格按计划执行，若因特殊情况需延期应由建设机构向省公司信息化职能管理部门提出申请；逾期14个工作日及以上未执行且未提出延期申请的，上线试运行申请作废需重新提交申请。

针对一级部署或集中部署系统，已存在固定模板或版式（如企业门户等）。若各单位有上线需求，为简化上线流程，统一采用业务受理单，通过检修完成上线。

针对列入总部和省公司重点工作计划，确有必要如期投运但暂不具备上线条件的，可开展临时运行，具体要求如下：

（1）信息系统已完成安全测评，需由业务部门或建设机构书面盖章提出申请，进行安全运行风险评估，省公司信息化职能管理部门主持召开会议研究决定，报总部备案；

（2）信息系统未完成安全测评或存在重大安全运行隐患的，由业务部门或建设机构书面盖章提出申请，进行安全运行风险评估，省公司信息化职能管理部门主持召开会议研究决定，需报请总部批准；

（3）临时运行应当明确具备上线条件时间，一般不超过一个月，到期不具备上线条件的，根据实际情况采取停运等措施，并追究相关部门和单位责任；

（4）系统临时运行期间按正式上线系统要求进行管理，建设机构承担运行责任，运维机构承担运行安全监管责任；系统正式上线时间以具备上线条件并经省公司信息化职能管理部门审批通过时间为准。

该阶段形成成果为信息系统上线试运行申请单。

表5-3　　　　信息系统上线试运行申请单（样例）

编号：

系统承建单位	申请人		联系电话	
	信息系统名称、版本号			
	信息系统包含的功能模块			
	申请上线日期			
	系统情况简单说明			

续表

<table>
<tr><td rowspan="2">系统承建单位</td><td>与一体化平台/业务应用集成要求</td><td>□数据中心□企业门户
□数据交换□业务应用
□I6000 接口□其他
具体业务应用说明：</td></tr>
<tr><td>承建厂商意见</td><td>单位负责人（签字并盖章）：
日期：　　年　月　日</td></tr>
<tr><td colspan="2">项目管理机构意见</td><td>单位负责人（签字并盖章）：
日期：　　年　月　日</td></tr>
<tr><td colspan="2">业务主管部门意见</td><td>部门负责人（签字并盖章）：
日期：　　年　月　日</td></tr>
<tr><td colspan="2">系统运检机构上线准备情况、上线试运行测试结果及意见</td><td>单位负责人（签字并盖章）：
日期：　　年　月　日</td></tr>
<tr><td colspan="2">信息化职能管理部门意见</td><td>部门负责人（签字并盖章）：
日期：　　年　月　日</td></tr>
<tr><td colspan="2">生成文档名称</td><td></td></tr>
</table>

（十四）上线试运行申请审核

上线试运行申请审核要点是上线流程规范性、生产准备、上线测试、运维交底、责任备案等落实情况，及相关测试报告合规性。《信息系统上线试运行申请单》经业务部门和运维机构审核后，再由省公司信息化职能管理部门审批。

省公司信息化职能管理部门在系统进入试运行以前，需印发信息系统运行维护责任划分，并形成责任备案表。试运行开始时间以省公司信息化职能管理部门签字日期为准。

经省公司批复的自建信息系统，满足以下条件的，需报总部审批备案，未履行审批手续的，一律不准接入公司生产环境；

（1）对全公司提供服务、社会影响重大的自建信息系统；

（2）与公司统推信息系统有强耦合关系，若突发宕机或停运，会影响其他系统运行安全的自建信息系统。

上线试运行申请经审批通过后，承建单位方可执行上线操作。总部信息系统和一级部署信息系统上线试运行审批由总部负责；省公司各级单位部署系统上线试运行审批由省公司信息化职能管理部门负责。

（十五）试运行

试运行工作包括系统日常运行维护、制订运维方案和发布服务目录、建转运评价及试运行验收等。

业务部门、运维机构、省公司信息化职能管理部门依次审批通过后系统进入试运行阶段。试运行阶段运维机构依据试运行工作经验完善运维方案，经省公司信息化职能管理部门、业务部门审核通过后，发布运维方案。

自上线操作开始，运维机构负责统一运维管理，承担安全运行管理责任，承建单位提供技术支持。承建单位配合运维机构做好上线试运行维护工作。具体工作如下：承建单位配合运维机构和业务部门完善应急预案，并配合开展应急演练；承建单位对系统上线试运行期间的问题、缺陷及隐患进行分类、汇总、分析，出具整改方案，提交省公司信息化职能管理部门。省公司信息化职能管理部门会同业务部门、运维机构对整改方案进行审核，并监督整改方案的执行；承建单位按照公司保密要求，与运维机构签订安全保密协议，并辅助完成运维培训与能力测评。

运维机构需在上线试运行前，最晚不迟于试运行验收前，完成信息系统设备台账在I6000录入，实现实物化ID，联动ERP、人力资源管理等系统，确保“账、卡、物”资产一致。

该阶段形成成果为运维方案终稿。

四、上线试运行验收阶段

上线试运行验收阶段是项目建设单位到系统移交运维机构的阶段，验收通过点是系统运行的责任分界关键点，通过后，系统运行维护相关工作正式由运维机构负责，系统进入正式运行阶段。以下是对流程图中上线试运行验收阶段运维介入业务管理流程节点的描述。

（一）上线试运行验收申请

承建单位在满足试运行验收条件后，提交上线试运行验收申请单（见表5-4），并编写相关验收材料（见表5-5）；建设机构负责上线验收申请单在省公司相关部门的会签工作。

运维机构负责项目上线试运行验收测试工作，并接受工作移交，建设机构负责上线试运行验收工作；承建单位在试运行具备以下条件后方可申请试运行验收：

（1）上线试运行期不少于 90 天，且系统持续稳定运行，未发生非计划停运、主要功能失效等事件；

表 5-4　　信息系统上线试运行验收申请单（样例）

编号：

<table>
<tr><td rowspan="9">系统承建单位</td><td>申请人</td><td></td><td>联系电话</td><td></td></tr>
<tr><td>信息系统名称、版本号</td><td colspan="3"></td></tr>
<tr><td>信息系统主要功能模块</td><td colspan="3"></td></tr>
<tr><td>系统承建单位名称</td><td colspan="3"></td></tr>
<tr><td>申请验收日期</td><td colspan="3"></td></tr>
<tr><td>系统上线试运行情况</td><td colspan="3"></td></tr>
<tr><td>用户培训、运维移交情况</td><td colspan="3"></td></tr>
<tr><td>与一体化平台/业务应用集成完成情况</td><td colspan="3">□数据中心□企业门户
□数据交换□业务应用
□I6000 接口□其他
具体业务应用说明：</td></tr>
<tr><td>承建厂商意见</td><td colspan="3">单位负责人（签字并盖章）：
日期：　年　月　日</td></tr>
<tr><td colspan="2">系统运检机构上线试运行情况</td><td colspan="3">单位负责人（签字并盖章）：
日期：　年　月　日</td></tr>
<tr><td colspan="2">业务主管部门意见</td><td colspan="3">单位负责人（签字并盖章）：
日期：　年　月　日</td></tr>
<tr><td colspan="2">信息化职能管理部门意见</td><td colspan="3">单位负责人（签字并盖章）：
日期：　年　月　日</td></tr>
<tr><td colspan="2">备注</td><td colspan="3"></td></tr>
</table>

表 5-5　　　　上线试运行验收移交资料清单表

序号	文档	内　　容	提交节点
			上线试运行验收申请
1	系统上线试运行报告	系统上线试运行以来运行情况报告；以及系统最终用户对系统使用情况的报告	√
2	系统部署方案	包含：①应用描述；②系统架构；③硬件设备与平台软件需求书及相关参数；④数据迁移、存储、备份、恢复策略；⑤系统权限策略，用户及口令配置表等	√
3	系统应急预案及快速恢复方案	系统应急预案及故障时快速恢复方案，及定量的恢复时间	√
4	数据备份及恢复操作手册	系统运行数据备份及恢复操作说明	√
5	运维手册	系统日常运维操作说明	√
6	培训手册	系统使用各层次用户培训相关文档	√

（2）建转运评价分值必须达到 90 分以上（含 90 分），如评价分值低于 90 分，必须针对评价问题进行整改，整改完成后重新评价，直至评价分值达到 90 分以上，且无单一否决指标；

（3）试运行期间发现的重大缺陷和问题全部消除，一般缺陷已制订消缺计划并通过运维单位和业务单位审核后持续稳定运行超过 30 天；

（4）承建单位提供用户使用报告和试运行总结报告，用户使用报告由业务部门签字盖章，试运行总结报告应由运维机构签字盖章；

（5）系统已通过验收测试。

该阶段形成成果为上线试运行验收申请单、试运行验收总结报告和用户使用报告。

（二）上线试运行验收审核

业务部门、运维机构和省公司信息化职能管理部门依次对上线试运行情况进行验收审核。

（三）试运行验收结果

省公司信息化职能管理部门组织专家成立试运行验收工作组，成员应由业务部门、运维机构、原厂技术支持机构相关人员组成。验收工作组包括技术审查组、生产准备组、文档审查组等专业小组。按照相关验收管理要求，组织开展上线试运行验收工作。具体验收管理要求如下。

（1）省公司信息化职能管理部门会同有关业务部门制订验收方案和验收计划，成立验收组织机构，印发验收通知，在运维机构配合下，开展验收工作。

（2）验收内容包括对系统运行质量的评价、运维团队的评价及试运行工作规范性等方面。

（3）项目验收专家组根据验收具体情况，组织专家会议，形成验收报告，出具验收意见和结论，明确是否通过验收；对于验收过程发现的问题，应组织验收专家组明确整改内容、责任单位、监督复查单位及时间要求，承建单位和运维机构应按照要求及时处理，保证验收成效；对于未通过验收的系统，应明确后续处理意见，确定是否需重新试运行。

（4）总部信息系统和一级部署信息系统上线试运行验收由总部信息化职能管理部门组织验收，对于国家电网有限公司统一推广的二级部署系统由各级单位自行组织验收。

试运行期满后系统仍不满足试运行验收申请条件，承建单位申请试运行延期或终止试运行，原则上试运行延期不超过 90 天。试运行延期期满后系统仍不满足试运行验收申请条件，运维机构在 3 个工作日内报告给省公司信息化职能管理部门，省公司信息化职能管理部门于一个月内组织相关专家对信息系统进行评估，根据评估意见确定后续安排（包括但不限于安排试运行验收、限期整改后继续试运行或终止试运行）。系统试运行验收不通过的，不得安排系统验收。

上线试运行验收通过后，标志着建转运工作完成，系统进入正式运行阶段。相关项目文件材料应按《国家电网公司档案管理办法》要求完成归档。

该阶段形成成果为验收工作组评审报告。

5.2 软硬件购置类项目建转运管理

软硬件购置类项目建转运管理是指为保证软硬件设备由建设阶段平稳过渡到运行阶段而采取的一切必要工作，涵盖从软硬件购置项目立项到正式运行的各阶段，实现各环节平稳过渡和有序衔接，确保软硬件设备安全稳定运行，并有效支撑信息系统深化应用和可持续发展。软硬件包括服务器设备、存储设备、网络设备、安全设备等各类硬件设备、成套软件工具以及运维相关工器具等。

软硬件购置类项目建转运管理涉及总部信息化职能管理部门、省公司信息化职能管理部门、业务部门、运维机构、建设机构、承建单位。

5.2.1 软硬件购置类项目建转运管理业务流程

软硬件购置类项目建转运管理业务流程如图 5-2 所示。

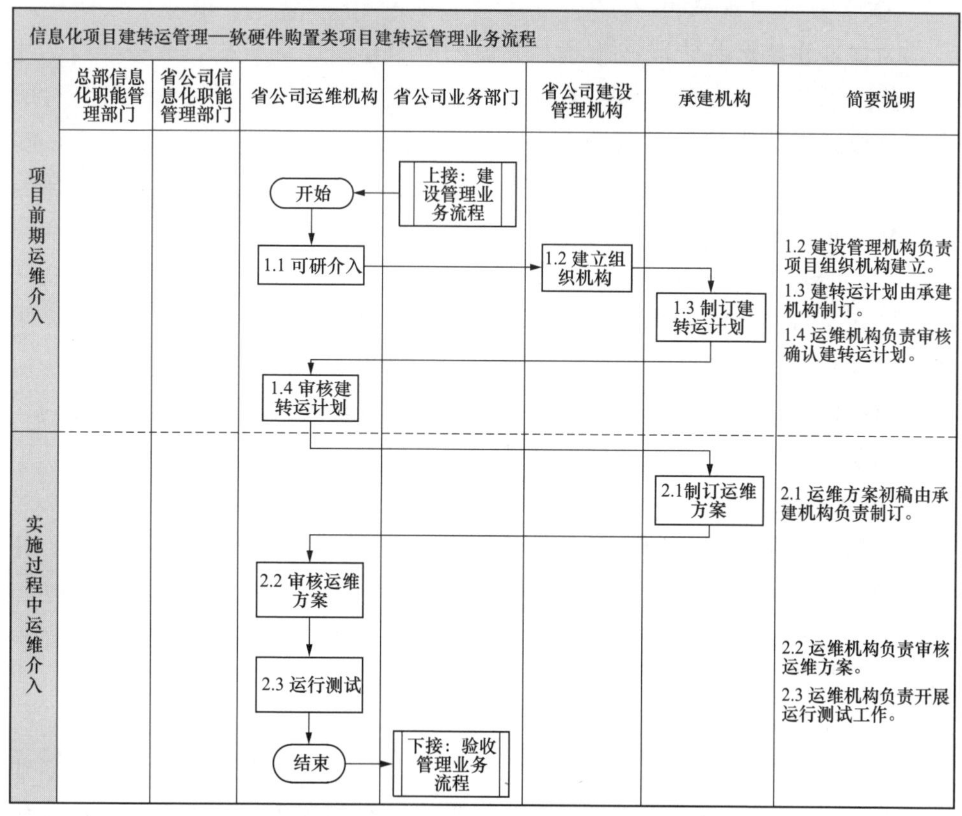

图 5-2 软硬件购置类项目建转运管理业务流程

5.2.2 软硬件购置类项目建转运管理业务作业指导

一、项目前期运维介入

项目前期运维介入工作主要包括初步确定运维规模、运维成本和非功能性需求等内容。以下是对流程图中项目前期运维介入业务管理流程节点的描述。

（一）可研介入

根据经营战略、信息化规划等若干原则，软硬件购置类项目由业务部门对影响运行所需的软硬件资源、运维模式、运维规模、运维成本以及包括运维分析监控工具在内的非功能性需求等因素进行规划，并作为可行性研究报告的组成部分，在项目经费预算中包含建转运过程中产生的必要费用。

可研评审机构应邀请运维机构参加可研评审，对软硬件资源运行所需的运维模式、运维规模、运维成本以及非功能性需求等提出相关意见和建议。

该阶段形成成果为项目可研报告。

（二）建立组织机构

为保证建转运各阶段工作顺利开展，应组建由运维机构、业务部门、建设机构、承建单位人员共同组成的运维设计组，负责组织开展软硬件运行所需运维模式、运维规模、运维成本以及非功能性需求等的研究设计工作，参与项目需求分析、测试、部署实施等工作。负责建转运计划编制，计划应包含建转运生产准备计划、运维团队组建计划、运维团队培训计划等。

（三）制订建转运计划

承建单位负责编制建转运计划，具体包括建转运生产准备计划、运维团队组建计划、运维团队培训计划等内容。

该阶段形成成果为项目建转运计划初稿，具体有建转运生产准备计划、运维团队组建计划、运维团队培训计划。

（四）审核建转运计划

根据承建单位提供的项目建转运计划初稿，运维机构负责审核确认，并组织相关运维人员参加培训，并确认培训成效。

该阶段形成成果为项目建转运计划终稿，具体有建转运生产准备计划、运维团队组建计划、运维团队培训计划。

二、项目实施过程中运维介入

软硬件购置类项目实施过程中运维介入涉及的建转运工作主要包括非功能性需求管理、运维方案和服务目录制订、账号权限清理、系统安全备案等。以下是对流程图中项目实施过程中运维介入业务管理流程节点的描述。

（一）制订运维方案

建设机构软硬件购置类项目详细设计结束前完成运维模式的设计工作，保证设备满足自主、可靠、安全裕度要求，并及时将结果通知运维机构。承建单位协助建设机构编制运维方案，运维方案应明确运维团队组织架构、岗位设置和人员配备情况、运维内容和服务范围、运维流程、系统运维级别和服务时间等。

该阶段形成成果为项目运维方案。

（二）审核运维方案

根据建设机构提供的项目运维方案，运维机构负责审核确认。

该阶段形成成果为项目运维方案。

（三）运行测试

运行测试由运维机构负责，主要是为了在软硬件正式投运前尽可能发现设备存在的潜在安全隐患，在运行测试中发现的问题及时反馈给承建单位。测试通过后，运维机构出具测试通过证明，承建单位将基础设施相关参数、线路走向等基础资料移交运维机构。

该阶段形成成果为软硬件运行测试报告。

5.3 基础设施类项目建转运管理

基础设施类项目建转运管理是指为保证基础设施由建设阶段平稳过渡到运行阶段而采取的一切必要工作，涵盖从基础设施项目立项到正式运行的各阶段，实现各环节平稳过渡和有序衔接，确保基础设施安全稳定运行，并有效支撑信息系统深化应用和可持续发展。基础设施包括信息机房基础环境、UPS 电源系统、空调系统、消防系统、机房环境监控、机柜等。

基础设施类项目建转运管理涉及总部信息化职能管理部门、省公司信息化职能管理部门、业务部门、运维机构、建设机构、承建单位。

5.3.1 基础设施类项目建转运管理业务流程

基础设施类项目建转运管理业务流程如图 5-3 所示。

5.3.2 基础设施类项目建转运管理业务作业指导

一、项目前期运维介入

项目前期运维介入工作主要包括初步确定运维规模、运维成本和非功能性需求等内容。以下是对流程图中项目前期运维介入业务管理流程节点的描述。

（一）可研介入

根据经营战略、信息化规划等若干原则，基础设施类项目由业务部门对影响运行所需的软硬件资源、运维模式、运维规模、运维成本以及包括运维分析监控工具在内的非功能性需求等因素进行规划，并作为可行性研究报告的组成部分。项目经费预算中应包含建转运过程中产生的必要费用。

可研评审机构应邀请运维机构参加可研评审，对基础设施运行所需的软硬件资源、运维模式、运维规模、运维成本以及非功能性需求等提出相关意见和建议。

该阶段形成成果为项目可研报告。

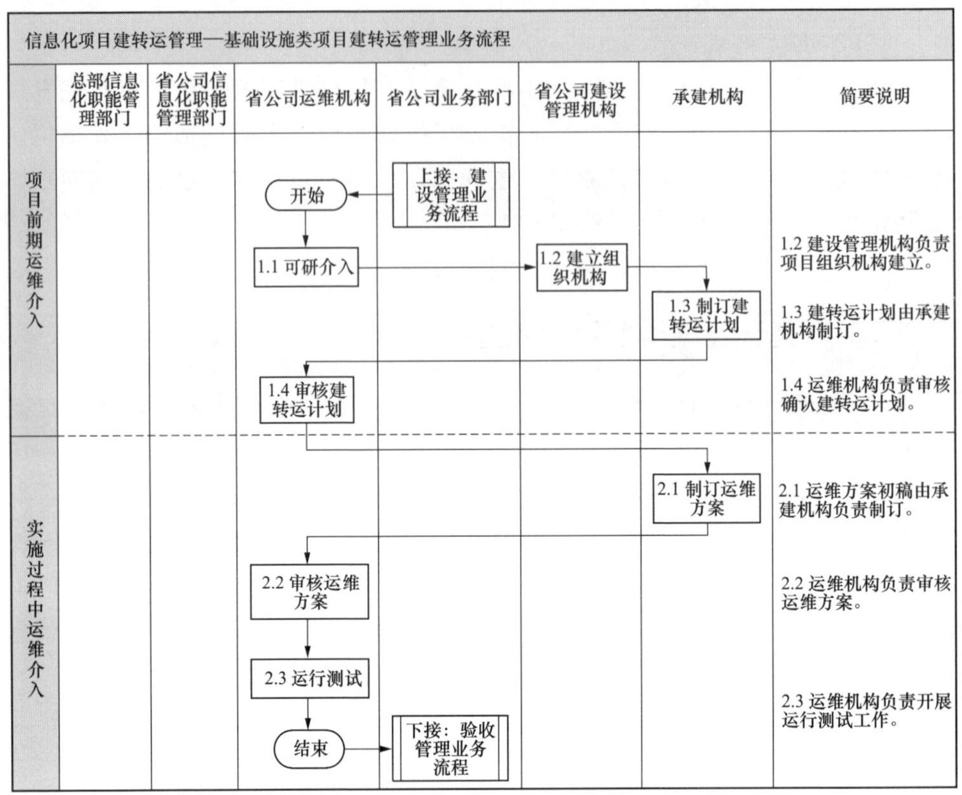

图 5-3　基础设施类项目建转运管理业务流程

（二）建立组织机构

为保证建转运各阶段工作顺利开展，应组建由运维机构、业务部门、建设机构、承建单位各单位人员共同组成的运维设计组，负责组织开展基础设施运行所需软硬件资源、运维模式、运维规模、运维成本以及非功能性需求等的研究设计工作，参与项目需求分析、设计、测试、部署实施等工作。负责建转运计划编制，计划应包含建转运生产准备计划、运维团队组建计划、运维团队培训计划等。

（三）制订建转运计划

承建单位负责编制建转运计划，具体包括建转运生产准备计划、运维团队组建计划、运维团队培训计划等内容。

该阶段形成成果为项目建转运计划初稿，包括建转运生产准备计划、运维团队组建计划和运维团队培训计划。

（四）审核建转运计划

根据承建单位提供的项目建转运计划初稿，运维机构负责审核确认，并组织相关运维人员参加培训，并确认培训成效。

该阶段形成成果为项目建转运计划终稿，包括建转运生产准备计划、运维团队组建计划、运维团队培训计划。

二、项目实施过程中运维介入

基础设施建设项目实施过程中运维介入涉及的建转运工作主要包括非功能性需求管理、运维方案和服务目录制订、账号权限清理、系统安全备案等。以下是对流程图中项目实施过程中运维介入业务管理流程节点的描述。

（一）制订运维方案

建设机构在基础设施类项目详细设计结束前完成运维模式的设计工作，保证设备满足自主、可靠、安全裕度要求，并及时将结果通知运维机构。承建单位协助建设机构编制运维方案，运维方案应明确运维团队组织架构、岗位设置和人员配备情况、运维内容和服务范围、运维流程、系统运维级别和服务时间等。

该阶段形成成果为项目运维方案。

（二）审核运维方案

运维机构负责对建设机构提供的项目运维方案进行审核确认。

（三）运行测试

运行测试由运维机构负责，主要是为了在基础设施正式投运前尽可能发现设备存在的潜在安全隐患,在运行测试中发现的问题及时反馈给承建单位。测试通过后，运维机构出具测试通过证明，承建单位将基础设施相关参数、线路走向等基础资料移交运维机构。

该阶段形成成果为基础设施运行测试报告。

第 6 章

信息化项目验收管理

本书中的信息化项目验收是指项目完工后，依据国家及行业有关法规、标准和规范，根据项目设计和建设过程中的相关文件材料，对项目进行的总体验收。信息化项目竣工验收工作坚持“统一管理，分级负责，严格标准，规范程序”的管理原则，简化形式，注重实效。

信息化项目完成合同规定的目标和任务，经用户认可后，可提出开展项目验收。针对设计开发实施类信息化项目，通过上线试运行验收后，方可提出项目竣工验收申请。信息化项目竣工验收前，应确保对应安全防护方案通过评审，完成防护措施的部署及安全测试。

针对统建项目或总部独立建设项目，由总部统一组织竣工验收。建设单位应按照验收阶段相关要求按时开展竣工验收、结算决算、转资和项目归档相关工作。总部统一组织建设的设计开发实施类项目，由总部统一组织验收，并将验收资料下发各单位。

总部统一组织建设的二级部署实施、混合部署实施项目及各单位独立建设项目，由建设单位自行组织验收。

6.1 省公司信息化项目验收管理业务流程

省公司独立组织建设的信息化项目由省公司组织开展验收工作。管理流程涉及信息化职能管理部门、业务管理部门、财务管理部门、审计管理部门、档案管理部门、信息化项目建设管理机构、验收工作组、项目承建单位。验收程序包括：提出验收申请、确认项目完成、验收申请受理、制订验收方案、组织验收、项目文件材料审查与测评、形成验收结论、项目结算、项目决算、项目资料汇总、项目资料归档等环节。各节点流程见图 6-1。

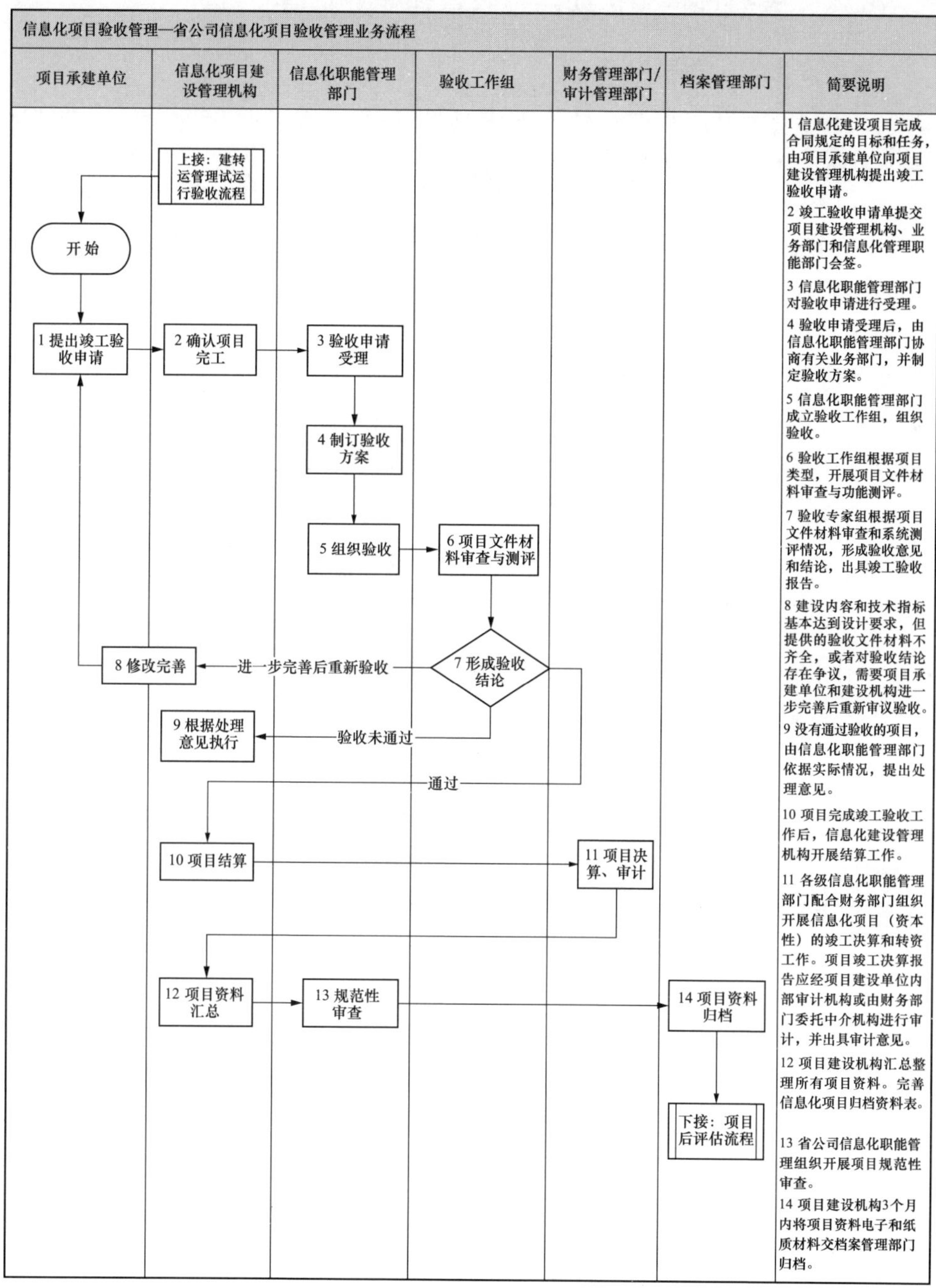

图 6-1　省公司信息化项目验收管理业务流程

6.2 省公司信息化项目验收管理作业指导

一、提出竣工验收申请

对于符合验收条件的信息化项目，由项目承建单位负责提出、验收申请，提出验收申请的必备条件如下：

（1）信息化项目完成合同规定的目标和任务，经用户认可，且未被验收；

（2）设计开发实施类项目原则上需先试运行三个月，完成隐患问题处理，确定系统达到稳定运行条件，并经业务部门认可；

（3）如对项目建设各环节进行分项验收的，各分项验收均通过后方可申请竣工验收。

信息化建设项目具备验收条件后，由项目承建单位提交竣工验收申请表（见表 6-1），经项目建设管理机构、运维单位确认后，由本单位信息化职能管理部门受理验收申请，业务应用信息化项目还需业务部门确认。

表 6-1　　信息化项目竣工验收申请表

项目名称	
项目简况	
上线时间	（对于统一组织验收项目，需说明试点单位上线时间和推广单位上线时间）
项目承建单位提出验收申请	签字（盖章）： 年　月　日
项目建设管理机构	签字（盖章）： 年　月　日
有关业务部门意见	（针对业务应用项目） 签字（盖章）： 年　月　日
信息化职能管理部门	签字（盖章）： 年　月　日

项目承建单位在提交竣工验收申请表的同时，协助项目建设管理机构提交以下验收资料：

（1）项目启动或推进文件；

（2）需求（变更）说明书及评审意见（若有变更需提供；适用于设计、开发类项目）；

（3）系统设计报告及评审意见（概要设计、详细设计；适用于设计、开发、基础设施类项目）；

（4）数据字典或数据库设计说明书（适用于设计、开发类项目）；

（5）集成测试报告（适用于设计、开发、软硬件购置类项目）；

（6）用户确认测试报告（适用于设计、开发、基础设施类项目）；

（7）第三方测试报告（适用于设计、开发类项目）；

（8）实施方案（适用于实施、基础设施类项目）；

（9）安全评估报告（适用于实施类项目）；

（10）用户手册（适用于实施类项目）；

（11）系统部署方案（适用于实施、软硬件购置类项目）；

（12）系统管理员手册（适用于实施、软硬件购置类项目）；

（13）系统应急预案及快速恢复方案（适用于实施、软硬件购置类项目）；

（14）上线试运行申请单（适用于实施类项目）；

（15）用户使用反馈报告（适用于实施类项目）；

（16）上线试运行验收报告（适用于实施类项目）；

（17）账号权限移交确认单（适用于实施类项目）。

二、确认项目完工

信息化建设管理机构对项目承建单位提交验收材料仔细审核，严格把关，确保验收资料齐全，提高项目验收质量。

项目承建单位提交的验收申请材料报经信息化建设管理机构及业务部门确认批准后，由信息化职能管理部门对验收申请进行受理。

三、受理验收申请

信息化职能管理部门受理提交的验收申请，并审核验收材料，确定项目是否具备验收条件。

如初审不通过，则要求信息化建设管理机构进行修改；如项目已具备验收条件，则通知信息化建设管理机构已受理其验收申请并制订验收方案，针对业务应用信息化项目需会同业务部门制订验收方案。

四、制订验收方案

信息化职能管理部门在受理验收申请单后制订验收方案，方案主要包括以下内容。

（1）确定验收方式。对于统一组织建设项目，根据项目实际情况，可选择统一组织验收或安排各单位独立组织验收。

（2）建立验收组织机构。根据需要成立验收委员会或验收工作组，下设项目文件材料审查组、系统测试组等。验收委员会或验收工作组人数为5人以上单数，设组长一名，由组内人员担任，验收专家应在本专业内具有3年及以上工作经验，验收组长应具备副高及以上专业技术职称，验收专家组成应包含项目建设人员、相关业务人员及运维人员等。

（3）明确验收具体内容。根据项目规模和性质，确定系统测试具体形式，提出项目验收所要准备的文件材料。

（4）制订验收计划。明确项目文件材料审查、系统测评、验收会议等时间安排。

五、组织验收

信息化职能管理部门召开验收会议，组织验收委员会或验收工作组开展项目资料审查和系统测评。

六、项目文件材料审查与系统测评

验收包括项目文件材料审查和系统测评两个方面。项目文件材料审查组负责验收材料审查工作，主要检查项目建设的批复文件及有关档案，单项设计、开发、实施、集成、验收等技术档案，检查各类标准、管理文件、过程控制文件、安全相关文件等材料是否齐全，检查项目建设中发生的重大变更是否获得项目批复机构批准；检查项目承建单位是否向运维单位移交系统技术文档、运维管理手册、系统配置说明、用户配置表、系统管理权限以及技术支持联系方式等材料，是否完成上线试运行验收及运维培训。

系统测试组负责系统测评工作，主要包括功能性测评和非功能性测评，重点对试运行期间发现的问题进行测评，形成系统测评报告。功能性测评主要检查系统是否满足设计方案和合同约定的功能，满足实际应用需求；非功能性测评包括系统压力测试与安全评估，重点考察系统的集成性、健壮性、稳定性、安全性、可维护性、复合响应能力、自动监测能力、与架构符合度等指标，非功能性指标未通过上线试运行验收的，不得进行系统验收。

如项目试运行阶段已出具符合要求的功能和非功能测试报告，可参考该测试报告，不需要再次组织测评。

七、形成验收结论

验收工作组根据项目文件材料审查和系统测评情况，召开验收总结会议，形成验收意见和结论，出具竣工验收报告（见表 6-2）。验收意见应明确给出验收结论，验收结论分为“通过验收”“进一步完善后重新审议验收”“不通过”三种。

表 6-2　　信息化项目竣工验收报告

<table>
<tr><td colspan="2">项目名称</td><td colspan="4"></td></tr>
<tr><td colspan="2">批准文号</td><td colspan="2"></td><td>竣工日期</td><td></td></tr>
<tr><td colspan="2">项目概况</td><td colspan="4"></td></tr>
<tr><td colspan="2">项目文件材料
审查情况</td><td colspan="4"></td></tr>
<tr><td colspan="2">项目测评情况</td><td colspan="4"></td></tr>
<tr><td colspan="2">验收发现的问题及
处理情况</td><td colspan="4"></td></tr>
<tr><td colspan="2">验收结论</td><td colspan="4">信息化职能管理部门（章）</td></tr>
<tr><td colspan="6">验收意见</td></tr>
<tr><td colspan="6">组长：
年　　月　　日</td></tr>
<tr><td colspan="6">验收工作组名单及签名</td></tr>
<tr><td>姓名</td><td colspan="2">职务或职称</td><td>工作单位</td><td>部门</td><td>签字</td></tr>
<tr><td></td><td colspan="2"></td><td></td><td></td><td></td></tr>
<tr><td></td><td colspan="2"></td><td></td><td></td><td></td></tr>
<tr><td></td><td colspan="2"></td><td></td><td></td><td></td></tr>
<tr><td></td><td colspan="2"></td><td></td><td></td><td></td></tr>
</table>

通过验收：完成所有建设内容，技术指标达到设计要求，建设标准达到国家及行业信息化相关建设标准，系统运行安全稳定，建设过程符合公司管理办法及相关规定，项目文件满足验收要求。

进一步完善后重新审议验收：建设内容和技术指标基本达到设计要求，但提供的验收文件材料不齐全，或者对验收结论存在争议。

建设项目有下列情况，验收不予通过：

（1）验收文件、材料、数据不真实；

（2）未达到设计要求；

（3）设计、施工不符合国家及行业信息化建设相关标准；

（4）擅自修改设计目标和建设内容；

（5）项目实施过程中出现重大问题，未能解决和做出说明，或存在纠纷尚未解决的。

分批验收形成的阶段验收结论应作为总体验收的组成部分。

对于验收发现的问题，要明确整改内容、责任单位及时间要求。

项目通过验收后，由信息化职能管理部门将验收信息报总部备案。

八、修改完善

需重新审议的项目，项目承建单位应根据意见进行修改完善，并在三个月内再次提出验收申请；第二次验收仍未通过验收的，则验收结论为“不通过”。

九、根据处理意见执行

没有通过验收的项目，由信息化职能管理部门依据实际情况，提出处理意见；项目建设管理机构根据处理意见执行有关要求。

由于不可抗拒等因素造成责任书或合同无法全部执行的，项目承建单位应提交相关报告和经费决算表，同时提出项目终止申请，由信息化职能管理部门审查后，同意项目终止。

十、项目结算

项目结算是根据国家和公司的相关规定，以项目合同为依据，对项目前期、设计、开发、实施、咨询、技术服务、设备材料、项目管理等费用进行结算。

信息化项目通过竣工验收后的一个月内，信息化职能管理部门组织项目建设管理机构开展结算工作，对各承建单位提交的费用结算报告进行审核。信息化项目（资本性）原则在竣工验收后45天内将项目结算报告移交财务部门。

《信息化项目结算报告》（详见表6-3）主要包括以下内容：

（1）项目名称、编制单位、编制人、审核人、日期及执业印章、负责人签字（印章）等；

（2）项目结算编制说明（包括项目概况、结算编制原则和依据等）；

（3）项目结算表（包括资本性支出、成本性支出，涉及硬件、系统软件、开发、实施等费用使用情况）；

（4）其他相关表格和材料。

表 6-3　　信息化项目结算报告

编制单位：（章）　　　　单位：万元

<table>
<tr><td>项目名称</td><td colspan="3"></td></tr>
<tr><td>批复文号</td><td colspan="3"></td></tr>
<tr><td>项目编号</td><td colspan="2"></td><td>资金属性</td><td></td></tr>
<tr><td>项目计划资金</td><td colspan="2"></td><td>合同总金额</td><td></td></tr>
<tr><td>序号</td><td>名称</td><td colspan="2">结算金额</td><td>备注</td></tr>
<tr><td>一</td><td>建安工程费</td><td colspan="2"></td><td></td></tr>
<tr><td>二</td><td>软件购置费</td><td colspan="2"></td><td></td></tr>
<tr><td>三</td><td>硬件购置费</td><td colspan="2"></td><td></td></tr>
<tr><td>四</td><td>咨询服务费</td><td colspan="2"></td><td></td></tr>
<tr><td>五</td><td>系统开发费</td><td colspan="2"></td><td></td></tr>
<tr><td>六</td><td>系统实施费</td><td colspan="2"></td><td></td></tr>
<tr><td>七</td><td>其他费用</td><td colspan="2"></td><td></td></tr>
<tr><td colspan="2">结算金额合计</td><td colspan="2"></td><td></td></tr>
<tr><td colspan="2">项目建设内容</td><td colspan="3"></td></tr>
<tr><td colspan="2">备注</td><td colspan="3"></td></tr>
<tr><td colspan="3">项目负责人（签字）

年　月　日</td><td colspan="2">项目主管部门（盖章）

年　月　日</td></tr>
</table>

十一、项目决算、审计

信息化职能管理部门配合财务部门组织开展信息化项目（资本性）的竣工

决算和转资工作。按照公司工程财务管理办法有关要求编制竣工决算报告，并执行公司固定资产和无形资产管理有关办法。项目竣工决算报告应经项目建设单位内部审计机构或由财务部门委托中介机构进行审计，并出具审计意见。

根据项目实际情况，可将结算并入竣工决算中一起编制。项目竣工决算报告应在项目竣工验收通过后三个月内完成。根据信息化项目规模和性质可单独或批量编制竣工决算报告。

十二、项目资料汇总

项目完成决算及转资后，项目建设管理机构根据档案管理规定归集项目有关资料，建立项目纸质档案及电子档案，保证项目档案的真实准确、齐全完整、系统规范。需要归档的信息化项目资料包括项目的立项、设计、采购、实施、上线试运行、验收等各阶段的文件和关键资料，按照不同的项目类型归集各类项目材料，详见表 6-4。

项目资料汇总后项目建设管理机构需完成 IRS 系统验收阶段里程碑维护、验收文档的录入工作。

表 6-4　　信息化项目归档材料清单

序号	分类	材料名称	适用类型	文件题名	形成时间	责任者
1	计划	下达计划文件	全部			
2	可研	项目可行性研究报告	全部			
3		可研评审意见	全部			
4		可研批复文件	全部			
5	采购	采购文件（技术规范书）	全部			
6		中标通知书/采购批复文件等采购文件	全部			
7	合同	项目合同	全部			
8		合同变更文件（若有变更需提供）	全部			
9		物资到货验收单	软硬件购置、基础设施			
10		物资货物交接单				
11	技术文档	公司项目启动或推进文件（若有需提供）	全部			

续表

序号	分类	材料名称	适用类型	文件题名	形成时间	责任者
12	技术文档	需求（变更）说明书及评审意见（若有变更需提供）	设计、开发			
13		系统设计报告及评审意见（概要设计、详细设计）	设计、开发、基础设施			
14		数据字典或数据库设计说明书	设计、开发、			
15		集成测试报告	设计、开发、软硬件购置			
16		用户确认测试报告	设计、开发、基础设施			
17		第三方测试报告	设计、开发			
18		实施方案	实施、基础设施			
19		安全评估报告	实施			
20		用户手册	实施			
21		系统部署方案	实施、软硬件购置			
22		系统管理员手册	实施、软硬件购置			
23		系统应急预案及快速恢复方案	实施、软硬件购置			
24	上下线	上线试运行申请单	实施			
25		用户使用反馈报告	实施			
26		上线试运行验收报告	实施			
27		账号权限移交确认单	实施			
28	验收文档	验收申请单	全部			
29		结算表（含合同清单及费用使用情况）	全部			
30		竣工总结报告（工作报告、技术报告）	全部			
31		用户报告	全部			
32		用户测试报告	全部			
33		验收报告	全部			
34		竣工决算报告	全部			
35		审计报告	全部			

十三、项目规范性审查

省公司信息化职能管理部门根据通过验收的项目情况，统一制订项目规范性审查计划，于审查前一个月通知项目建设管理机构，项目建设管理机构在收到通知后，完成项目规范性审查汇报PPT和信息化项目归档材料清单汇总表等材料准备。规范性审查可以视项目情况多个项目一起进行。

省公司信息化职能管理部门组织项目涉及业务方面的专家以及财务、审计、档案相关人员开展项目规范性审查。规范性审查主要内容如下。

（1）检查项目全过程管理资料的规范性、完整性。包括项目立项、设计、采购、实施、上线试运行、验收等各阶段的文件及资料。

（2）检查初设批复内容的完成情况。

（3）项目资金使用的合理性和规范性。

审查组以项目可研报告、项目初设、项目合同、决算报告和审计报告为依据，对项目完成情况进行评价，并出具《信息化建设项目结项证书》。

十四、项目资料归档

（1）项目建设管理机构在竣工验收后三个月内完成向本单位档案管理部门移交项目资料工作。

（2）归档的项目纸质资料必须是原件（定稿）；归档前需检查所归档资料是否同它反映的对象相一致，同一项目的文件资料在内容上是否一致。必须保证归档资料的完整性，检查是否成套、缺页或有否涂改。

（3）电子资料统一整理归档，按照不同阶段及类别建立目录保存，并按档案管理要求上传服务器或刻盘保存。

第 7 章

信息化项目日常管控

信息化项目建设管理机构在信息化职能管理部门的统一领导下，组织成立项目管理办公室（PMO），负责信息化项目日常管控工作，重点加强项目进度、质量、风险等方面的管控，确保实现项目全过程可控在控、全方位依法合规。

信息化项目日常管控主要包括：进度管理、质量管理、人员管理、沟通管理、问题管理、安全管理、变更管理、文档管理等工作。

7.1 进度管理

信息化项目建设管理机构应严格按照信息化项目建设方案计划及里程碑节点对项目建设进度进行管控。

信息化项目承建机构应按照《国家电网公司信息化项目工期标准规范（试行）》要求分解细化项目建设进度计划和管控节点，在信息化专项计划下达一个月内，在 IRS 系统中完成独立组织建设项目里程碑计划编制，并报国网信通部。

对于总部统一推广实施的信息化项目，信息化项目建设管理机构需要在 IRS 系统中按阶段维护项目进度。若发现进度可能滞后时，应在问题发现后，及时将情况上报国网管控组，并完成滞后原因分析，提出应对或预防措施。对进度滞后的项目，应集中组织力量、调配资源，加强沟通协调，完善项目资料，确保项目阶段性任务完成、费用支付、项目资料等均符合要求。

对于独立建设的信息化项目，由信息化项目建设管理机构按照项目进度计划加强进度管控，并向信息化职能管理部门及时反馈项目进度问题。对项目实施过程中临时出现的制约因素，信息化项目建设管理机构应及时向信息化职能管理部门汇报，并根据信息化职能管理部门的意见及时开展分析，制订合理的解决方案，确保项目进度符合要求。

当项目实际进度存在延期风险时，信息化项目建设管理机构应及时告知信息化项目承建单位，并配合信息化项目承建单位变更项目进度计划，编制计划变更说明，报送总部管控组审批。信息化项目承建单位应在计划变更审批通过后 2 个工作日内完成实施方案变更，并上传 IRS 系统。

信息化项目建设管理机构负责维护信息化项目建设过程资料，且需及时维护至 IRS 系统中，资料文档包括：信息化项目建设方案、实施方案、系统部署方案、技术服务承诺书、系统试用报告、系统工作报告、系统技术报告、用户测试报告等。信息化项目实施过程中应建立周报、月报制度，定期通报工作进展情况、存在的问题，及时解决突发问题。

7.2 质量管理

为确保项目实施质量，信息化项目建设管理机构应明确项目建设规范、建设流程、标准要求及各阶段建设工作，对项目实施的计划、实施方案、蓝图设计、系统开发部署、数据工程、上线准备和切换等工作按照规范要求执行，组织相关测试团队对项目成果进行严格测试。

信息化项目建设过程中质量问题无法满足项目设计要求时，信息化项目建设管理机构应及时组织项目组完成原因分析，提出应对或预防措施并将相关情况及时上报国网管控组。对于独立建设的信息化项目，应上报信息化职能管理部门。

信息化项目在建设过程中，如必须对项目范围、技术方案、功能要求和项目资金做调整修改的，应履行必要的审批手续方可实施。其中，统一组织建设信息化项目变更须上报总部信息化职能管理部门及对口业务部门审核。

信息化职能管理部门应定期组织召开信息化厂商服务评价，及时通报项目实施过程中的质量问题，并对相关供应商提供的服务质量进行考核。

7.3 人员管理

信息化项目建设管理机构应建立统一的项目实施人员现场管理制度（如考勤机制、评价机制等），统一对项目组开展进场管理、项目实施过程人员变更管理以及项目组离场管理。

7.3.1 人员进场/离场管理

对于国家电网有限公司统一推广实施的信息化项目，信息化项目承建单位实施人员进场前，信息化项目建设管理机构应统一组织开展信息安全教育和保密教育，实施人员在经过培训教育并考试合格，签订《信息项目保密协议》《信息项目安全承诺书》后方可进场施工；实施人员离场前，信息化项目建设管理机构应组织信息化项目承建单位人员按要求办理离场手续。

7.3.2 人员日常管理

实施人员进场后，信息化项目建设管理机构应加强对实施人员日常工作的合理管控，组织、督促实施人员在IRS系统中完成上一周人员报工，并对实施人员报工情况进行审核（如遇节假日或特殊情况则顺延）。

7.3.3 人员变更管理

若实施人员需发生变更，信息化项目承建单位应向信息化项目建设管理机构提出申请，信息化项目建设管理机构对人员变更可能产生的影响进行评估，信息化项目建设管理机构同意人员变更后新进人员和离场人员按照实施人员进场/离场相关规定执行。

7.3.4 人员评价管理

信息化项目建设管理机构应定期对信息化项目承建单位工作人员的配合度、成果质量、沟通协调能力、执行力进行综合全面客观地评价，并做好周记录，按服务商评价表（见表 7-1）要求如实填写，并及时向总部上报厂商考核评价结果。对于因信息化项目承建单位出现的问题且情节严重的应及时与其约谈、核实，责令其在3个工作日内整改，若整改无效则向国家电网有限公司提交不良行为报告。

表 7-1　　服务商评价表

评分项		评分标准		得分		
		分值	说明	服务商 1	服务商 2	服务商 3
（一）人员组织						
1	人员是否稳定、充足	10	满意 10，一般 5，不满意 0			
2	人员投入是否达到素质及能力要求	10	满意 10，一般 5，不满意 0			
3	团队知识转移、运维交接工作是否积极开展	5	满意 5，一般 3，不满意 0			
（二）服务质量						
4	运维系统平均响应时间是否满足要求	5	满意 5，一般 3，不满意 0			
5	运维系统运行可用率、完好率是否满足要求	5	满意 5，一般 3，不满意 0			

续表

评分项		评分标准		得分		
		分值	说明	服务商1	服务商2	服务商3
6	对运维过程与客户及内部的沟通、协调、相互配合能力的满意度	5	满意5，一般3，不满意0			
7	对用户反馈的需求是否及时、有效响应	5	满意5，一般3，不满意0			
8	能否按时解决用户请求问题（含备品备件）	5	满意5，一般3，不满意0			
9	是否能够采纳并落实用户提出的合理建议	5	满意5，一般3，不满意0			
10	是否积极配合用户开展维护系统培训	5	满意5，一般3，不满意0			
11	客户对其服务质量、运维水平及工作态度的满意度	5	满意5，一般3，不满意0			
（三）运行维护管理						
12	运行维护文档是否完备、清晰、准确、规范、及时	5	满意5，一般3，不满意0			
13	运行维护规章制度是否执行到位	5	满意5，一般3，不满意0			
14	建立的操作流程是否遵照执行	5	满意5，一般3，不满意0			
15	有否制订切实可行的数据备份策略和应急预案	5	满意5，一般3，不满意0			
16	系统日常安全检查及整改情况是否良好	5	满意5，一般3，不满意0			
（四）厂商团队支持						
17	厂商团队对运维业务开展的支撑力度	5	满意5，一般3，不满意0			
18	厂商团队在重大事件期间的工作状态	5	满意5，一般3，不满意0			
（五）其他						
19	有否发生重大信息系统事故		6级及以上，扣30/次；7-8级，扣15/次；其他被上级管理部门通报的，扣5/次，最高不超过30			
评分合计		100				

续表

<table>
<tr><td colspan="2" rowspan="2">评分项</td><td colspan="2">评分标准</td><td colspan="3">得分</td></tr>
<tr><td>分值</td><td>说明</td><td>服务商1</td><td>服务商2</td><td>服务商3</td></tr>
<tr><td>20</td><td>对厂商的整体评价（评分90及以上的为优，75～90的为中，75以下的为差。）</td><td></td><td>1）优 2）中 3）差</td><td></td><td></td><td></td></tr>
<tr><td>21</td><td>对厂商的相关意见和建议</td><td></td><td></td><td></td><td></td><td></td></tr>
</table>

评估专家签名：　　　　　　　　　　日期：　　年　　月　　日

7.4 沟通管理

为了规范项目各方的工作交流，提高项目工作效率，信息化职能管理部门和信息化项目建设管理机构需建立相应的沟通机制以确保项目各方沟通的有效性和及时性。

邮件沟通：信息化职能管理部门、业务部门、信息化项目建设管理机构、运维机构、信息化项目承建单位必须建立工作邮箱，专人负责管理，定时查阅邮件，确保邮件得到及时处理和反馈。

周例会：信息化项目建设管理机构应根据实际情况，定期组织信息化职能管理部门、业务部门、信息化项目承建单位等召开项目周例会，通报工作进展情况、下周工作安排、当前存在的问题及其后续处理方式。

周报机制：信息化项目建设管理机构根据总部管控组要求，将整理完成的相关项目周报和项目说明材料，提交信息化职能管理部门和业务部门确认，并上报国网管控组。

月报机制：信息化项目建设管理机构根据总部管控组要求，汇总整理月度工作情况和项目建设存在的问题，提交信息化职能管理部门和业务部门确认，确认完成后上报总部管控组。

专项会议：对于项目建设过程中出现的紧急重大问题，信息化项目建设管理机构应及时向信息化职能管理部门汇报，并组织相关部门及信息化项目承建单位召开专项会议，及时协调解决。对有特殊情况无法及时解决的问题，应及时向总部汇报。

7.5 问题管理

信息化项目建设过程应建立分级负责的问题管理机制，明确信息化职能管理部门、业务部门、信息化项目建设管理机构、运维机构和信息化项目承建单位的职责和权限。

信息化项目建设管理机构负责跟踪、协调处理发现的问题，召集信息化项目承建单位组织会议进行问题协调和解决，形成问题记录和解决方案，对不能解决的问题及时上报信息化职能管理部门；信息化职能管理部门负责协调处理信息化项目建设管理机构无法解决的问题，必要时召集业务部门配合解决。对于无法解决或需总部批复的问题，由信息化项目建设管理机构上报国网管控组。

信息化项目建设管理机构负责对各类问题的处理状态进行收集、整理和跟踪，并在周例会上进行通报，确保所有问题能够闭环关闭。

7.6 安全管理

信息化项目建设要严格执行有关信息安全及保密管理规定。坚持信息安全是信息化项目有机组成部分的原则，按照信息安全措施与信息化项目同步规划、同步建设和同步投入运行的要求，切实落实信息化项目中安全措施建设工作。

7.6.1 保密管理

为防止涉密信息外泄，信息化项目承建单位须承诺按照涉密要求进行项目建设的信息保密管理，所有入场人员每年应与信息化项目建设管理机构签署《信息项目保密协议》《信息项目安全承诺书》，严格履行保密义务。信息化项目承建单位技术人员操作涉及涉密信息时，信息化项目建设管理机构应有专人监护，严禁将业务数据收集结果存储在个人笔记本或存储介质中，不得擅自进行复制、传输、泄露、流失数据，或扩大其使用范围。信息化项目承建单位应安排专人负责保管纸质文档，做好保密工作。

7.6.2 终端管理

信息化项目承建单位现场实施时，须严格遵守《国家电网公司办公计算机信息安全管理办法》及本单位规定现场办公环境相应制度规范要求，遵循“涉密不上网、上网不涉密”的原则，严禁办公计算机“一机两用”，内、外网终端设备不得混用，严格防止违规外联的情况发生。入网设备必须履行相应入网手续，安装管控软件及杀毒软件；移动介质应使用专用的安全U盘和移动硬盘；严禁使用无线上网卡、无线路由器等无线设备接入内网。

7.6.3 账户管理

按照《国家电网公司信息系统业务授权许可使用管理办法》要求，规范信息化项目承建单位业务系统账号使用，确保业务权限与管理权限分离，建转运交接期间完成管理账户权限移交及清理工作，账户权限须符合最小化原则，临时账号、测试账号要及时删除。

7.6.4 实施现场安全管理

信息化项目建设要严格执行《国家电网公司电力安全工作规程（信息、电力通信、电力监控部分）（试行）》《国家电网公司网络与信息系统安全管理办法》等相关制度中的规定，强化实施现场安全管理，确保项目实施安全。信息化项目承建单位加强实施现场的风险识别、风险分析，并采取有效的安全措施规避项目风险，在项目建设过程中发现重大风险，及时向信息化项目建设管理机构和公司科技信通部上报。

7.7 变更管理

项目建设实施期间，如遇进度、范围、需求、费用等原因导致项目建设任务无法按原计划完成，存在延期风险时，信息化项目承建单位需以书面形式向信息化项目建设管理机构提出变更申请，经项目建设机构总部审查后给出回复意见，方可按照回复意见进行处理。

当项目实施范围、需求或费用发生变化，或项目有重大变更时，信息化项目建设管理机构应编制项目可研变更说明，上报省公司信息化职能管理部门进行审批，同意后由可研编制机构重新编制可研报告，由可研评审机构重新组织可研评审，出具评审意见；对国网信通部统一组织建设信息化项目和总部信息化项目、各单位独立组织建设投资估算 500 万元及以上项目报送总部信息化职能管理单位审批，对投资估算低于 500 万元的独立组织建设信息化项目由省公司信息化项目职能管理单位审批。

审批通过后，信息化项目建设管理机构告知信息化项目承建单位，并配合信息化项目承建单位变更项目进度计划，编制计划变更说明，信息化项目承建单位应在 2 个工作日内完成实施方案的变更编制和项目进度计划的变更，并上传 IRS 系统。

由于不可抗拒等因素造成合同无法全部执行的，信息化项目承建单位提交相关报告和经费决算表，同时提出项目终止申请，由信息化职能管理部门审查后，同意项目终止。

信息化项目变更管理业务流程如图 7-1 所示。

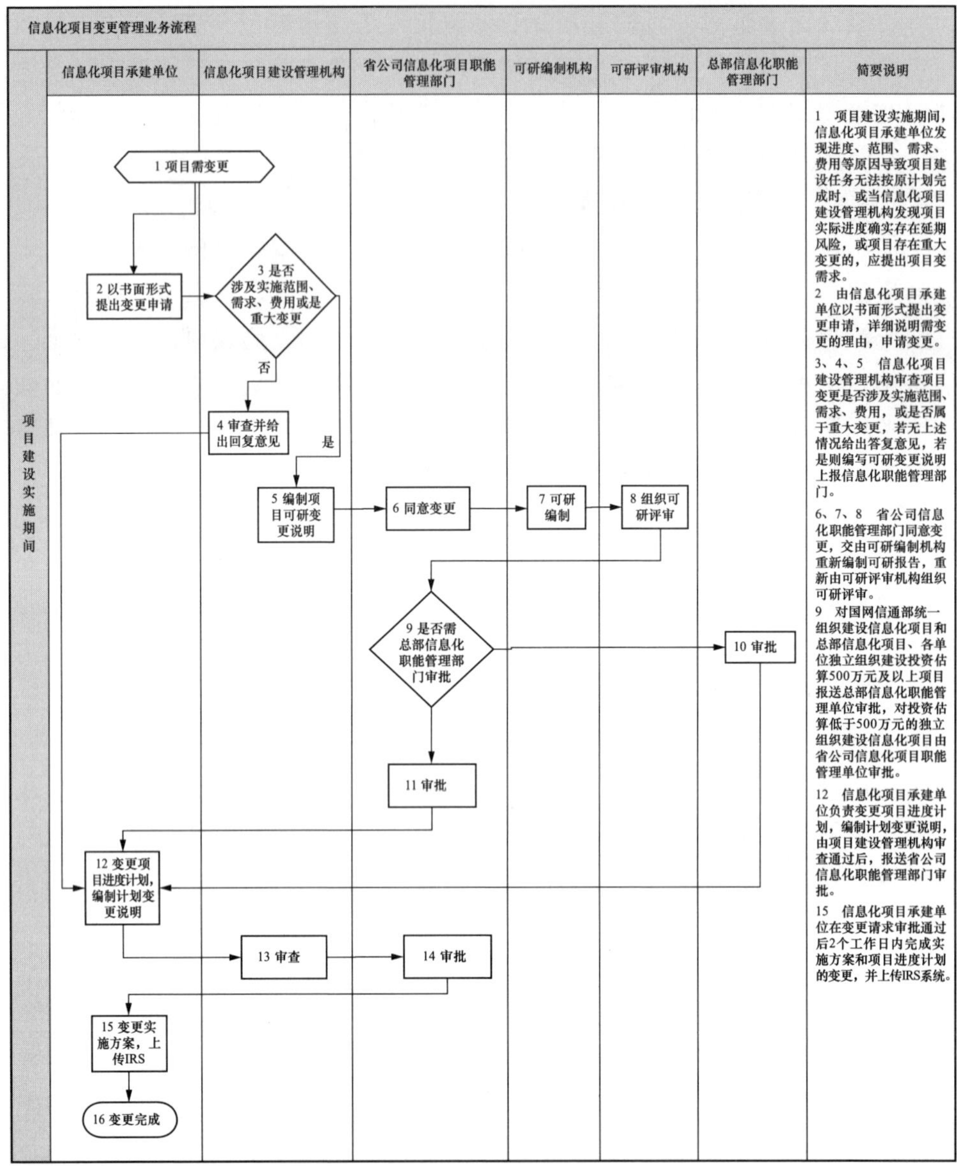

图 7-1 信息化项目变更管理业务流程

7.8 文档管理

信息化项目文档管理工作实行统一领导、分级管理，按照“谁主管、谁负责”“谁形成、谁整理”的原则开展。信息化项目档案资料是指信息化项目建设全过程资料，包括项目前期、计划、设计、采购、建设实施、验收管理过程中形成的文件材料（见表 7-2）。

表 7-2　　信息化项目档案资料目录表

<table>
<tr><th>序号</th><th>项目阶段</th><th>文档名称</th><th>备注</th></tr>
<tr><td>1</td><td rowspan="4">项目前期阶段</td><td>项目可研报告或项目任务书</td><td></td></tr>
<tr><td>2</td><td>项目需求说明</td><td></td></tr>
<tr><td>3</td><td>项目可研评审意见</td><td></td></tr>
<tr><td>4</td><td>项目可研批复</td><td></td></tr>
<tr><td>5</td><td rowspan="2">项目计划阶段</td><td>国家电网有限公司计划下达文件</td><td></td></tr>
<tr><td>6</td><td>省公司计划下达文件</td><td></td></tr>
<tr><td>7</td><td rowspan="4">项目设计阶段</td><td>项目初设</td><td></td></tr>
<tr><td>8</td><td>项目概算书</td><td></td></tr>
<tr><td>9</td><td>项目初设评审意见</td><td></td></tr>
<tr><td>10</td><td>项目初设批复</td><td></td></tr>
<tr><td>11</td><td rowspan="5">项目采购阶段</td><td>采购申请单</td><td></td></tr>
<tr><td>12</td><td>采购合同</td><td></td></tr>
<tr><td>13</td><td>采购中标通知书</td><td></td></tr>
<tr><td>14</td><td>设备到货验收单或设备派送单</td><td></td></tr>
<tr><td>15</td><td>设备说明书</td><td></td></tr>
<tr><td>16</td><td rowspan="12">项目建设实施阶段</td><td>项目开工单</td><td></td></tr>
<tr><td>17</td><td>调研报告</td><td></td></tr>
<tr><td>18</td><td>需求规格说明书</td><td></td></tr>
<tr><td>19</td><td>系统概要设计报告</td><td></td></tr>
<tr><td>20</td><td>系统详细设计报告</td><td></td></tr>
<tr><td>21</td><td>数据字典或数据库设计说明书</td><td></td></tr>
<tr><td>22</td><td>用户手册</td><td></td></tr>
<tr><td>23</td><td>系统管理员手册</td><td></td></tr>
<tr><td>24</td><td>用户确认测试报告</td><td></td></tr>
<tr><td>25</td><td>第三方测试方案</td><td></td></tr>
<tr><td>26</td><td>第三方测试报告</td><td></td></tr>
<tr><td>27</td><td>安全评估方案</td><td></td></tr>
</table>

续表

序号	项目阶段	文档名称	备注
28	项目建设实施阶段	安全评估报告	
29		项目完工单	
30	项目验收阶段	建设方案	
31		实施方案	
32		系统部署方案	
33		技术服务承诺书	
34		上线试运行申请单	
35		系统试用报告	
36		系统工作报告	
37		系统技术报告	
38		系统应急预案及快速恢复方案	
39		试运行测试报告	
40		系统上线试运行报告	
41		上线试运行验收申请单	
42		上线试运行验收报告	
43		验收申请单	
44		项目结算报告	
45		项目工程审价报告	
46		项目决算报告	

项目完成竣工验收三个月内，项目建设单位组织完成项目建设全过程文件材料的收集整理；属于归档范围并符合档案管理要求的，依据《国家电网公司档案管理办法》要求移交档案管理部门保管。项目建设单位保存项目的全套档案。

7.9 规范管理检查

7.9.1 信息化项目规范管理检查业务流程

信息化项目规范管理检查是依据不同历史时期、不同项目类别的管理要求开展检查，检查涵盖了信息化项目的计划、建设、验收等各个阶段。

信息化项目规范管理检查业务流程主要涉及省公司信息化职能管理部门、

省公司规范管理检查支撑单位、项目所在单位，分为自查整改、整改复核和总结提高三个阶段，业务流程见图7-2。

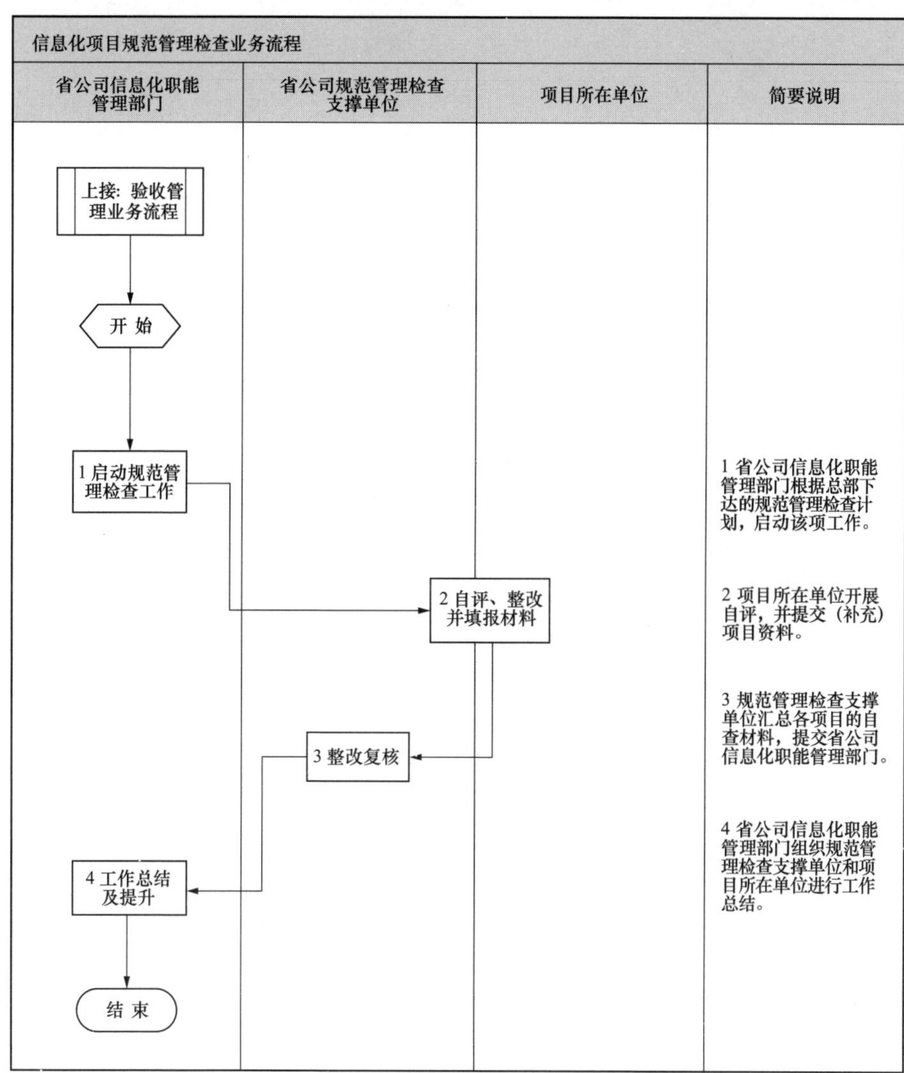

图7-2 信息化项目规范管理检查业务流程

7.9.2 信息化项目规范管理检查业务作业指导

一、启动规范管理检查工作

省公司信息化职能管理部门根据总部下达的规范管理检查计划，启动规范管理检查工作。组织协调财务、审计和物资等业务部门配合项目所在单位的信息化项目建设管理机构开展规范管理自查工作。

二、自评、整改并填报材料

项目所在单位以检查标准为依据，对项目前期、计划、招标采购、合同签订、项目实施、竣工验收、决算转资等各阶段进行自评并完成自评报告及问题清单。

项目所在单位收集并提供规范管理检查工作所需的项目资料（电子版和纸质版），在 IRS 系统中上传或补充。项目资料要求见表 7-3。

表 7-3　　信息化项目规范管理验评审查资料清单

资料种类	资料名称	具体资料说明
项目可行性研究	项目可行性研究报告	可研报告应有资金估算、实施或工作方案等，且符合相关管理标准和制度
	项目可研审查意见	应为 pdf 或 ceb 等不可编辑格式
	项目可研批复	应为 pdf 或 ceb 等不可编辑格式
项目计划执行情况	省公司项目计划清单	省公司下达各年度的项目计划文件（包括计划调整文件）及项目清单
	项目计划与本单位实际执行情况	项目计划与本单位实际执行情况如有差异（计划于合同金额差异大于 15%）需提供合理说明
资料完整性	采购类文档	项目中标通知书（含技术规范书）及合同
	建设类文档	项目开工报告及项目计划
	验收类文档	项目的验收资料，至少应包括“验收意见”“专家签字”
结算、竣工决算	结算类文档	项目的结算报告
	决算类文档	资本类项目的决算报告（含转资凭证）

三、整改复核

省公司规范管理检查支撑单位对各项目单位提交的自查结果及资料进行初步审查，对所有问题整改情况进行复核检查，问题未整改或整改不合格的，通知项目所在单位，直至确认所有问题全部整改完成。

对于发现信息化项目存在问题但无法整改的，项目单位应查明原因和影响，按照项目实际情况编制情况说明如表 7-4 所示，内容应包含项目名称、问题发生原因、后续改进措施等内容，并加盖本单位公章。

表 7-4　　情况说明模板

<table><tr><td>

情况说明

项目年度：

项目名称：

项目编号：

问题发生原因：

后续改进措施：

单位签章

年　月　日

</td></tr></table>

情况说明纸质版应与项目资料一同归档，并将扫描件上传至 IRS 系统相应位置上。

省公司规范管理检查支撑单位负责汇总整改材料、编写自查报告，统一提交省公司信息化职能管理部门。

四、工作总结及提升

省公司信息化职能管理部门组织规范管理检查支撑单位及项目所在单位对项目规范管理检查工作进行总结，对发现的问题，采取相应的补救措施，对于不能直接整改的问题要查明情况、分析原因，提出改进措施，提高后续项目的科学管理水平。